陳寅恪文集之四

隋唐制度淵源畧論稿

上海古籍出版社

出版說明

陳寅恪先生（一八九〇——一九六九），江西修水人，我國著名歷史學家。早年留學日本、西歐，第一次世界大戰結束，又到美國和德國鑽研梵文，歸國後任清華大學、西南聯合大學、嶺南大學等校教授，解放後任中山大學教授、中國科學院哲學社會科學學部委員、中央文史館副館長等職。他學識淵博，精通我國歷史學、古典文學和宗教學等，通曉多種文字，尤精於梵文、突厥文、西夏文等古文字的研究；他關於魏晉南北朝史、隋唐史、蒙古史、唐代和清初文學、佛教典籍的著述尤爲精湛，具有較高的學術價值，早爲國內外學術界所推重。

陳寅恪先生繼承和發揚了清代乾嘉學派和歐洲近代研究梵文、佛典的傳統，以其深厚的文、史、哲以及語言文字知識，融會貫通，縱横馳騁，不斷開拓學術研究的新領域，取得學術著述的新成果。在長達半個多世紀的研究、教學、著述事業中，儘管尚未擺脫傳統士大夫思想的影響，但是，他治學的嚴肅認眞、實事求是態度，却也使其學術成就達到了很高的境界。

本文集中除《隋唐制度淵源略論稿》、《唐代政治史述論稿》和《元白詩箋證稿》在陳寅恪先生生前已有單行本外，其餘《寒柳堂集》、《金明館叢稿》初編、二編所收舊文以及長篇專著《柳如是別傳》等多經陳先生晚年修訂。文集的整理校勘由復旦大學蔣天樞教授承擔；編輯部只做了一些文字標點校訂工作，至於學術觀點方面則保存其歷史面貌，未加改動。我們希望本文集的出版有裨於我國文史研究的深入開展，有助於學術空氣的活躍。

上海古籍出版社

一九八〇年四月

中爲寅恪先生 右爲其兄衡恪(師曾) 左爲其兄隆恪(彦和)

負笈東瀛鼎足隨，偶留色相果何爲。
滄桑變滅尋常事，識取觀河皺面誰。

并附識云：四十九年前留學日本東京時與先兄及六弟所攝影。有人拾得，持以還贈，棖觸今昔，因題一絕於其上。中坐者爲六弟寅恪，其左右乃先兄師曾及余也。余時年十七。

一九五三年癸巳冬彦和

目次

一　叙論

李唐傳世將三百年，而楊隋享國爲日至短，兩朝之典章制度傳授因襲幾無不同，故可視爲一體，並舉合論，此不待煩言而解者。獨其典章制度之資料今日得以依據以討論者，僅傳世之舊籍，而其文頗多重複，近歲雖有新出遺文，足資補證，然其關係，重要者實亦至少，故欲爲詳確創獲之研究甚非易事。夫隋唐兩朝爲吾國中古極盛之世，其文物制度流傳廣播，北逾大漠，南暨交趾，東至日本，西極中亞，而迄鮮通論其淵源流變之專書，則吾國史學之缺憾也。茲綜合舊籍所載及新出遺文之有關隋唐兩朝制度者，分析其因子，推論其源流，成此一書，聊供初學之參考，匪敢言能補正前賢之闕失也。

隋唐之制度雖極廣博紛複，然究析其因素，不出三源：一曰（北）魏、（北）齊，二曰梁、陳，三曰（西）魏、周。所謂（北）魏、（北）齊之源者，凡江左承襲漢、魏、西晉之禮樂政刑典章文物，自東晉至南齊其間所發展變遷，而爲北魏孝文帝及其子孫摹仿採用，傳至北齊成一大結集者是也。其在舊史往往以「漢魏」制度目之，實則其流變所及，不止限於漢魏，而東晉南朝前半期俱包括在內。舊史又或以「山東」目之者，則以山東之地指北齊言，凡北齊承襲元魏所採用東晉南朝前半期之文物制度皆屬於此範圍也。又西晉永嘉之亂，中原魏晉以降之文化轉移保存於涼州一隅，至北魏取涼州，而河西文化遂輸入於魏，其後北魏孝文、宣武兩代所製定之典章制度遂深受其影響，故此（北）魏、（北）齊之源其中亦有河西之一支派，斯則前人所未深措意，而今日不可不詳論者也。所謂梁陳之源者，凡梁代繼承創作陳氏因襲無改之制度，迄楊隋統一中國吸收採用，而傳之於李唐者，易言之，即南朝後半期內其文物制度之變遷發展乃王肅等輸入之所不及，故魏孝文及其子孫未能採用，而北齊之一大結集中遂無此因素者也。舊史所稱之「梁制」實可兼該陳制，蓋陳之繼梁，其典章制度多因仍不改，其事舊史言之詳矣。所謂（西）魏、周之源者，凡西魏、北周之創作有異於山東及江左之舊制，或陰爲六鎮鮮卑之野俗，或遠承魏、（西）晉之遺風，若就地域言之，乃關隴區內保存之舊時漢族文化，以適應鮮卑六鎮勢力之環境，而產生之混合品。所有舊史中關隴之新創設及依託周官諸制度皆屬此類，其影響及於隋唐制度者，實較微末。故在三源之中，此（西）魏、周之源遠不如其他二源之重要。然後世史家以隋唐繼承（西）魏、周之遺業，遂不能辨析名實眞僞，往往於李唐之法制誤認爲（西）魏、周之遺物，如府兵制即其一例也。

此書本爲供初學讀史者參考而作，其體裁若與舊史附麗，則於事尤便，故分別事類，序次先後，約略參酌隋唐史志及通典、唐會要諸書，而稍爲增省分合，庶幾不致盡易舊籍之規模，亦可表見新知之創獲，博識通人幸勿以童牛角馬見責也。

又此書徼仿天竺佛教釋經論之例，首章備致詳悉，後章則多所闕略（見僧祐書三藏集記拾僧叡大智度論序及大智度論記。寅恪案：鳩摩羅什譯經雖有删煩，然於大智度論實未十分略九，蓋天竺箸述體例固如是也，後人於此殊多誤解，以其事非本書範圍，故不詳論）。故於前禮儀章已論證者，如三源中諸人之家世地域等，則於後諸章不復詳及，實則後章所討論仍與之有關也。謹附識於叙論之末，以見此書之體製焉。

二　禮儀（附：都城建築）

舊籍於禮儀特重，記述甚繁，由今日觀之，其制度大抵僅爲紙上之空文，或其影響所屆，止限於少數特殊階級，似可不必討論，此意昔賢亦有論及者矣。如新唐書壹壹禮樂志云：

由三代而上，治出於一，而禮樂達於天下；由三代而下，治出於二，而禮樂爲虛名。及三代已亡，遭秦變古，後之有天下者，自天子百官、名號位序、國家制度、宮車服器，一切用秦。至於三代禮樂具其名物，而藏於有司，時出而用之郊廟朝廷，曰：「此爲禮也，所以敎民。」此所謂治出於二，而禮樂爲虛名。故自漢以來史官所記事物名數、降登揖讓、拜俛伏興之節，皆有司之事爾，所謂禮之末節也。然用之郊廟朝廷，自搢紳大夫從事其間者皆莫能曉習，而天下之人至於老死未嘗見也。

又歐陽文忠公集附歐陽發等所述事迹云：

其於唐書禮樂志發明禮樂之本，言前世治出於一，而後世禮樂爲空名；五行志不書事應，悉壞漢儒災異附會之說，皆出前人之所未至。

寅恪案：自漢以來史官所記禮制止用於郊廟朝廷，皆有司之事，歐陽永叔謂之爲空名，誠是也。

沈垚落颿樓文集捌與張淵甫書云：

六朝人禮學極精，唐以前士大夫重門閥，雖異於古之宗法，然與古不相遠，史傳中所載多禮家精粹之言。至明士大夫皆出草野，與古絕不相似矣。古人於親親中寓貴貴之意，宗法與封建相維。諸侯世國，則有封建；大夫世家，則有宗法。

寅恪案：禮制本與封建階級相維繫，子敦之說是也。唐以前士大夫與禮制之關係旣如是之密切，而士大夫階級又居當日極重要地位，故治史者自不應以其僅爲空名，影響不及於平民，遂忽視之而不加以論究也。

通鑑壹柒陸陳紀至德三年條云：

隋主命禮部尚書牛弘修五禮，勒成百卷，（正月）戊辰詔行新禮。

隋書壹高祖紀上（北史壹壹隋本紀上同）云：

開皇五年春正月戊辰詔行新禮。

同書貳高祖紀下（北史壹壹隋本紀上略同）云：

仁壽二年閏（十）月己丑詔曰：「尚書左僕射越國公楊素、尚書右僕射邳國公蘇威、吏部尚書奇章公牛弘、內史侍郎薛道衡、祕書丞許善心、內史舍人虞世基、著作郎王劭或任居端揆，博達古今，或器推令望，學綜經史，委以裁緝，實允僉議，可並修定五禮。」

同書陸禮志總序略云：

高堂生所傳士禮亦謂之儀，洎西京以降，用相裁準。黃初之詳定朝儀，則宋書言之備矣。梁武始命羣儒裁成大典，陳武克平建業，多準梁舊。（隋）高祖命牛弘、辛彥之等採梁及北齊儀注，以爲五禮云。

通典肆壹禮典序（參南齊書玖禮志序及魏書壹百捌禮志序）略云：

魏以王粲、衛覬集創朝儀，而魚豢、王沈、陳壽、孫盛雖綴時禮，不足相變。晉初以荀顗、鄭沖典禮，參考今古，更其節文。羊祜、任愷、庾峻、應貞並加刪集，成百六十五篇。後摯虞、傅咸纘續未成，屬中原覆沒，今虞之決疑注是其遺文也。江左刁協、荀崧補緝舊文，蔡謨又踵修綴。宋初因循，前史並不重述。齊武帝永明二年詔尚書令王儉制定五禮。至梁武帝命羣儒又裁成焉。陳武帝受禪，多准梁舊。後魏道武帝舉其大體，事多闕遺；孝文帝率由舊章，擇其令典，朝儀國範煥乎復振。隋文帝（命）牛弘、辛彥之等采梁及北齊儀注，以爲五禮。

隋書叁叁經籍志史部儀注類梁賓禮儀注九卷賀瑒撰注云：

案梁明山賓撰吉儀禮注二百六卷，錄六卷；嚴植之撰凶儀注四百七十九卷，錄四十五卷；陸璉撰軍儀注一百九十卷，錄二卷；司馬褧撰嘉儀注一百一十二卷，錄三卷；並亡。存者唯士吉及賓合十九卷。

後齊儀注二百九十卷。

隋朝儀禮一百卷，牛弘撰。

魏書伍玖劉昶傳（北史貳玖劉昶傳同）略云：

劉昶，義隆第九子也，義隆時封義陽王，和平六年間行來降。於時〔太和初〕改革朝儀，詔昶與蔣少游專主其事。昶條上舊式，略不遺亡。

同書玖壹術藝傳蔣少游傳（北史玖拾藝術傳蔣少游傳同）略云：

蔣少游，樂安博昌人也。慕容白曜之平東陽，見俘入於平城，充平齊戶，後配雲中爲兵。及詔尚書李沖與馮誕、游明根、高閭等議定衣冠於禁中，少游巧思，令主其事，亦訪於劉昶，二意相乖，時致諍競，積六年乃成。始班賜百官，冠服之成，少游有效焉。後於平城將營太廟太極殿，遣少游乘傳詣洛，量準魏晉基址。後爲散騎侍郎，副李彪使江南。高祖修船乘，以其多有思力，除都水使者，遷前將軍，兼將作大匠，仍領水池湖泛戲舟楫之具。及華林殿沼修舊增新，改作金墉門樓，皆所措意，號爲妍美。又兼太常少卿，都水如故。景明二年卒。少游又爲太極立規模，與董爾、王遇參建之，皆未成而卒。

同書柒高祖紀下（北史叁魏本紀同）云：

（太和）十年八月乙亥給尚書五等品爵已上朱衣玉珮大小組綬。

寅恪案：劉昶、蔣少游俱非深習當日南朝典制最近發展之人，故致互相乖諍。其事在太和十年以前，即北史肆貳王肅傳所謂「其間朴略，未能淳」者。至太和十七年王肅北奔，孝文帝虛襟相待，蓋肅之入北實應當日魏朝之需要故也。

魏書肆叁房法壽傳附族子景伯景先傳（北史叁玖房法壽傳附景伯景先傳同）略云：

法壽族子景伯，高祖諶避地渡河，居於齊州之東淸河繹幕焉。顯祖時三齊平，隨例內徙爲平齊民。景伯性淳和，涉獵經史。

景先幼孤貧，無資從師，其母自授毛詩曲禮。晝則樵蘇，夜誦經史，自是精勤，遂大通贍。太和中例得還鄉，郡辟功曹，州擧秀才，值州將卒，不得對策，解褐太學博士。時太常劉芳、侍中崔光當世儒宗，歎其精博，光遂奏兼著作佐郎，修國史，尋除司徒祭酒員外郎。侍中穆紹又啓景先撰世宗起居注，累遷步兵校尉，領尚書郎齊州中正，所歷皆有當官之稱。景先作五經疑問百餘篇，其言該典，今行於時。

北史貳肆崔逞傳附休傳（魏書陸玖崔休傳同）略云：

休曾祖諲仕宋，位靑冀二州刺史，祖靈和宋員外散騎侍郎，父宗伯始還魏。孝文納休妹爲嬪，兼給事黃門侍郎，參定禮儀。

魏書伍伍劉芳傳（北史肆貳劉芳傳同）略云：

劉芳，彭城人也。六世祖訥晉司隸校尉，祖該劉義隆征虜將軍靑徐二州刺史，父邕劉駿兗州長史。芳出後伯父遜之。邕同劉義宣之事，身死彭城，芳隨伯母房逃竄靑州，會赦免。舅元慶爲劉子業靑州刺史沈文秀建威府司馬，爲文秀所殺，母子入梁鄒城。慕容白曜南討靑齊，梁鄒降，芳北徙爲平齊民，時年十六。南部尚書李敷妻司徒崔浩之弟女，芳祖母浩之姑也。

芳至京師，詣敷門，崔恥芳流播，拒不見之。（中略）芳才思深敏，特精經義，博聞强記，兼覽蒼雅，尤長音訓，辨析無疑，於是禮遇日隆。王肅之來奔也，高祖雅相器重，朝野屬目，高祖宴羣臣於華林，肅語次云：「古者唯婦人有笄，男子則無。」芳曰：「推禮經正文，古者男子婦人俱有笄。」高祖稱善者久之，肅亦以芳言爲然。酒闌，芳與肅俱出，肅執芳手曰：「吾少來留意三禮，在南諸儒咸共討論，皆謂此義如吾向言，今聞往釋，頓祛平生之惑。」芳義理精通，類皆如是。高祖崩於行宮，及世宗即位，芳手加衮冕，高祖自襲斂暨於啓祖、山陵、練除始末喪事皆芳撰定。出除安東將軍青州刺史，還朝議定律令。芳斟酌古今，爲大議之主，其中損益多芳意也。世宗以朝儀多闕，其一切諸議悉委芳修正，於是朝廷吉凶大事皆就諮訪焉。

同書陸柒崔光傳（北史肆肆崔光傳同）略云：

崔光，東清河鄃人也。祖曠從慕容德南渡河，居青州之時水，慕容氏滅，仕劉義隆爲樂陵太守。父靈延劉駿龍驤將軍長廣太守，與劉彧冀州刺史崔道固共拒國軍。慕容白曜之平三齊，光年十七，隨父徙代。（後）遷中書侍郎、給事黄門侍郎，甚爲高祖所知待。高祖每對羣臣曰：「以崔光之高才大量，若無意外譴咎，二十年後當作司空。」其見重若是。

寅恪案：劉芳、崔光皆南朝俘虜，其所以見知於魏孝文及其嗣主者，乃以北朝正欲摹倣南朝之典章文物，而二人適值其會，故能拔起俘囚，致身通顯也。

北齊書貳玖李渾傳附繪傳（北史叁叁李靈傳附繪傳同）略云：

司徒高邕辟爲從事中郎，徵至洛時勅侍中西河王祕書監常景選儒學十人緝撰五禮，惟繪與太原王乂掌軍禮。

寅恪案：隋志不載常景撰修之五禮，惟舊唐書肆陸經籍志史部儀注類有後魏儀注三（疑五之誤）十二卷，常景撰；新唐書伍捌藝文志史部儀注類有常景後魏儀注五十卷。常景之書撰於元魏都洛之末年，可謂王肅之所遺傳，魏收之所祖述，在二者之間承上啓下之產物也。又史志所謂後齊儀注者，即南朝前期文物變相之結集，故不可不先略述北齊修五禮之始末，以明隋志之淵源也。

北齊書貳柒魏收傳（北史伍陸魏收傳同）略云：

除尚書右僕射監，總議五禮事，多引文士令執筆，儒者馬敬德、熊安生、權會實主之。

隋書伍柒薛道衡傳（北史叁陸薛辯傳附道衡傳同）略云：

武平初，詔與諸儒修定五禮。

寅恪案：北齊後主時所修之五禮當即隋志之後齊儀注二百九十卷，鄴都典章悉出洛陽，故武平所修亦不過太和遺緒而已，所可注意者，則薛道衡先預修齊禮，後又參定以齊禮爲根據之隋制，兩朝禮制因襲之證此其一也。

據上所引舊籍綜合論之，隋文帝繼承宇文氏之遺業，其制定禮儀則不依北周之制，別採梁禮及後齊儀注。所謂梁禮幷可概括陳代，以陳禮幾全襲梁舊之故，亦即梁陳以降南朝後期之典章文物也。所謂後齊儀注即北魏孝文帝摹擬採用南朝前期之文物制度，易言之，則爲自東晉迄南齊，其所繼承漢、魏、西晉之遺產，而在江左發展演變者也。陳因梁舊，史志所載甚明，當於後文論之，於此先不涉及。惟北齊儀注即南朝前期文物之蛻嬗，其關鍵實在王肅之北奔，其事應更考釋，以闡明隋制淵源之所從出。前已略述北齊制禮始末，故茲專論王肅北奔與北朝文物制度之關係焉。

北史肆貳王肅傳略云：

王肅，琅邪臨沂人也。父奐及兄弟並爲（南）齊武帝所殺，太和十七年肅自建業來奔。自晉氏喪亂，禮樂崩亡，孝文雖釐革制度，變更風俗，其間朴略，未能淳也。肅明練故事，虛心受委，朝儀國典咸自肅出。

魏書陸叄王肅傳略云：

肅自謂禮易爲長，亦未能通其大義也。

南齊書伍柒魏虜傳略云：

佛狸已來，稍僭華典，胡風國俗雜相揉亂，王肅爲虜制官品百司，皆如中國。

陳書貳陸徐陵傳（南史陸貳徐摛傳附陵傳同）略云：

太清二年兼通直常侍使魏。魏人授館宴賓，是日甚熱，其主客魏收嘲陵曰：「今日之熱當由徐常侍來。」陵即答曰：「昔王肅至此，爲魏始制禮儀；今我來聘，使卿復知寒暑。」收大慙。

通鑑壹叁玖齊紀武帝永明十一年冬十月王肅見魏主於鄴條云：

魏主或屏左右，與肅語至夜分不罷，自謂君臣相得之晚。尋除輔國大將軍長史。時魏主方議興禮樂，變華風，威儀文物多肅所定。

隋書捌禮儀志述隋喪禮節云：

開皇初高祖思定典禮，太常卿牛弘奏曰：「聖教陵替，國章殘缺，漢晉爲法，隨俗因時，未足經國庇人，弘風施化。且制禮作樂，事歸元首，江南王儉，偏隅一臣，私撰儀注，多違古法。就廬非東階之位，凶門豈重設之禮，兩蕭累代，舉國遵行。後魏及齊，風牛本隔，殊不尋究，遙相師祖，故山東之人，浸以成俗。西魏已降，師旅弗遑，嘉賓之禮，盡未詳定。今休明啓運，憲章伊始，請據前經，革茲弊俗。」詔曰：「可！」弘因奏徵學者撰儀禮百卷，悉用東齊儀注以爲準，亦微採王儉禮，修畢上之，詔遂班天下，咸使遵用焉。

寅恪案：魏孝文帝之欲用夏變夷久矣，在王肅未北奔之前亦已有所興革。然當日北朝除其所保存魏晉殘餘之文物外，尚有文成帝略取青齊時所俘南朝人士如崔光、劉芳、蔣少游等及宋氏逋臣如劉昶之倫，可以略窺自典午南遷以後江左文物制度。然究屬依稀恍忽，皆從間接得來，仍無居直接中心及知南朝最近發展之人物與資料可以依據，此北史王肅傳所謂「孝文雖釐革制度，變更風俗，其間朴略，未能淳」者是也。魏孝文帝所以優禮王肅固別有政治上之策略，但肅之能供給孝文帝當日所渴盼之需求，要爲其最大原因。夫肅在當日南朝雖爲膏腴士族，論其才學，不獨與江左同時倫輩相較，斷非江左第一流，且亦出北朝當日青齊俘虜之下（見魏書伍伍及北史肆貳劉芳傳），而卒能將南朝前期發展之文物制度轉輸於北朝以開太和時代之新文化，爲後來隋唐制度不祧之遠祖者，蓋別有其故也。考南齊書貳叁王儉傳云：

少撰古今喪服記幷文集，並行於世。

又南史貳貳王曇首傳附儉傳（參通鑑壹叁陸齊紀永明三年條）云：

先是宋孝武好文章，天下悉以文采相尙，莫以專經爲業。儉弱年便留意三禮，尤善春秋，發言吐論，造次必於儒教，由是衣冠翕然，並尙經學，儒教於此大興。何承天禮論三百卷，儉抄爲八帙，又別抄條目爲十三卷，朝儀舊典晉末來施行故事撰次諳憶無遺漏者，所以當朝理事斷決如流，每博議引證，先儒罕有其例，八坐丞郎無能異者。

文選肆陸任昉王文憲集序云：

自宋末艱虞，百王澆季，禮紊舊章，樂傾恆軌，自朝章國記，典彝備物，奏議符策，文辭表記，素意所不蓄，前古所未行，皆取定俄頃，神無滯用。

據此，王儉以熟練自晉以來江東之朝章國故，著名當時。其喪服記本爲少時所撰，久已流行於世，故掌故學乃南朝一時風尙也。仲寶卒年爲永明七年（見南齊書、南史儉本傳），王肅北奔之歲爲北魏太和十七年，即南齊永明十一年，在儉卒以後，是肅必經受其宗賢之流風遺箸所薰習，遂能抱持南朝之利器，遇北主之新知，殆由於此歟？牛弘詆斥王儉，而其所修隋朝儀禮，仍不能不采儉書，蓋儉之所撰集乃南朝前期制度之總和，既經王肅輸入北朝，蔚成太和文治之盛，所以弘雖由政治及地域觀點立論，謂「後魏及齊，風牛本隔」，然終於「遙相師祖，故山東之人，浸以成俗」也。又史言弘「撰儀禮百卷，悉用東齊儀注以爲準」，而奇章反譏前人之取法江左，可謂數典忘祖，無乃南北之見有所蔽耶？或攘其實而諱其名耶？茲舉一例以證之：

隋書肆玖牛弘傳（北史柒貳牛弘傳同）云：

仁壽二年獻皇后崩，王公以下不能定其儀注。楊素謂弘曰：「公舊學，時賢所仰，今日之事決在於公。」弘了不辭讓，斯須之間儀注悉備，皆有故實。素歎曰：「衣冠禮樂盡在此矣，非吾所及也。」

若僅據此傳，似獻后喪禮悉定自弘，而「斯須之間儀注悉備」，所以楊素有「禮樂盡在此矣」之歎，及檢北史叁捌裴佗傳附矩傳（隋書陸柒裴矩傳略同）云：

其年（仁壽二年）文獻皇后崩，太常舊無儀注，矩與牛弘、李百藥等據齊禮參定。

始知弘之能於斯須之間決定大禮者，乃以東齊儀注爲依據，且所與共參定之人亦皆出自東齊者也（見北史隋書裴矩傳及舊唐書柒貳、新唐書壹百貳李百藥傳）。楊素之讚歎，殆由弘諱言其實，而素又不識其底蘊耶？

又通鑑壹柒玖隋紀文帝仁壽二年條云：

閏（十）月甲申詔楊素、蘇威與吏部尙書牛弘修五禮。

寅恪案：隋書、北史載文帝詔修五禮，在是年閏十月己丑，連接此前之一條即「甲申詔尙書左僕射楊素與諸術者刊定陰陽舛謬」條，今通鑑以修五禮之詔移置甲申，頗疑有所脫誤也（嚴衍通鑑補正及章鈺通鑑正文校宋記俱未之及）。更可注意者，則隋志明言弘等之修五禮悉以東齊儀注爲準，乃最扼要之語，而溫公不采及之，似尙未能通解有隋一代禮制之大源，殊可惜也。

又隋代制禮諸臣其家世所出籍貫所繫亦可加以推究，藉以闡明鄙意，即前章所言隋唐制度出於（一）（北）魏、（北）齊，（二）梁陳，（三）（西）魏、（北）周之三源者。請據隋書貳高祖紀及北史壹壹隋本紀仁壽二年閏十月詔書中所命修定五禮諸臣及其他與制禮有關之人，如前引北史裴佗傳隋書裴矩傳中之裴矩，隋書柒伍北史捌貳儒林傳之劉焯、劉炫及兩唐書李百藥傳中之李百藥，逐一討論於下：

隋書貳高祖紀上仁壽二年閏十月己丑詔書所命修撰五禮之楊素、蘇威俱以宰輔資位攝領修禮，以恆例言之，乃虛名，非實務也。然素與威二人間仍有區別，亦未可以一概論。隋書肆捌楊素傳（北史肆壹楊敷傳附素傳同）雖云：

後與安定牛弘同志好學，研精不倦，多所通涉。

然隋書肆壹蘇威傳（北史陸叁蘇綽傳附威傳同）則云：

上〔高祖〕因謂朝臣曰：「楊素才辯無雙，至若斟酌古今，助我宣化，非威之匹也。」

夫修撰五禮即斟酌古今之事，文帝既不以此許素，則素之得與此役，不過以尚書左僕射首輔之資位監領此大典而已。故關於楊素可置不論。

至於蘇威雖與楊素同以宰輔之職監領修撰，但事有殊異，可略言之。據前引史文，隋文帝既以斟酌古今特奬威，則威之與聞修撰，匪僅虛名監領，可以推知。又隋書蘇威傳（北史略同）云：

俄兼納言民部尙書。初威父（綽）在西魏以國用不足，爲征稅之法，頗稱爲重，既而歎曰：「今所爲者正如張弓，非平世法也。後之君子誰能弛乎？」威聞其言，每以爲己任，至是奏減賦稅，務從輕典，上悉從之。隋承戰爭之後，憲章踳駮，上令朝臣釐改舊法，爲一代通典，律令格式多威所定，世以爲能。所修格令章程並行於當世，然頗傷苛碎，論者以爲非簡久之法。

凡此史文其意固多指威之修定律令，但禮律關係至密。威本西魏蘇綽之子，綽爲宇文泰創制立法，實一代典章所從出。威既志在繼述父業，文帝稱其斟酌古今，必非泛美之詞，故威之與素不得同論，而威之預知修禮，亦非止尸空名絕無建樹者之比無疑也。考周書貳叁蘇綽傳（北史陸叁蘇綽傳同）云：

蘇綽，武功人，魏侍中則之九世孫也，累世二千石。父協武功郡守。綽少好學，博覽羣書，尤善算術。屬太祖（宇文泰）與公卿往昆明池觀魚，行至城西漢故倉地，顧問左右，莫有知者，或曰：「蘇綽博物多通，請問之。」太祖乃召綽，具以狀對，太祖大悅。

此節爲史記蘇綽之所以遇合宇文泰之一段因緣，實可藉以覘古今之變遷。蓋自漢代學校制度廢弛，博士傳授之風氣止息以後，學術中心移於家族，而家族復限於地域，故魏、晉、南北朝之學術、宗教皆與家族、地域兩點不可分離。綽本關中世家，必習於本土掌故，其能對宇文泰之問，決非偶然。適値泰以少數鮮卑化之六鎭民族竄割關隴一隅之地，而欲與雄據山東之高歡及舊承江左之蕭氏爭霸，非別樹一幟，以關中地域爲本位，融冶胡漢爲一體，以自別於洛陽、建鄴或江陵文化勢力之外，則無以堅其羣衆自信之心理。此綽所以依託關中之地域，以繼述成周爲號召，竊取六國陰謀之舊文緣飾塞表鮮卑之胡制，非驢非馬，取給一時，雖能輔成宇文氏之霸業，而其創制終爲後王所捐棄，或僅名存而實亡，豈無故哉！質言之，蘇氏之志業乃以關中地域觀念及魏晉家世學術附合鮮卑六鎭之武力而得成就者也。故考隋唐制度淵源者應置武功蘇氏父子之事業於三源內之第三源，即（西）魏、周源中，其事顯明，自不待論。

隋書肆玖牛弘傳（北史柒貳牛弘傳略同）略云：

牛弘，安定鶉觚人也。本姓尞氏，祖熾郡中正，父允魏侍中工部尙書臨涇公，賜姓爲牛氏。開皇初（弘）遷授散騎常侍祕書監。弘以典籍遺逸，上表請開獻書之路，（其論書之厄）曰：「永嘉之後，寇竊競興，因河據洛，跨秦帶趙。論其建國立家，雖傳名號，憲章禮樂，寂滅無聞。劉裕平姚，收其圖籍，五經子史纔四千卷，皆赤軸青紙，文字古拙，僭僞之盛莫過三秦。以此而論，足可明矣。故知衣冠軌物，圖畫記注，播遷之餘皆歸江左，晉宋之際學藝爲多，齊梁之間經史彌盛。」上納之，於是下詔：「獻書一卷，賚縑一匹。」一二年間篇籍稍備。三年拜禮部尚書，奉勑修撰五禮，勒成百卷，行於當世。弘請依古制修立明堂，上以時事草創，未遑制作，竟寢不行。六年除太常卿。九年詔改定雅樂，又作樂府歌詞，撰定圓丘五帝凱樂，並議樂事，上甚善其議，詔弘與姚察、許善心、何妥、虞世基等正定新樂，事在音律志。是後議置明堂，詔弘條上故事，議其得失，事在禮志。上甚敬重之，拜吏部尚書。時高祖又令弘與楊素、蘇威、薛道衡、許善心、虞世基、崔子發等並詔諸儒論新禮降殺輕重，弘所立議，衆咸推服之。仁壽二年獻皇后崩，王公以下不能定其儀注。楊素謂弘曰：「公舊學，時賢所仰，今日之事決在於公。」弘了不辭讓，斯須之間儀注悉備，皆有故實。素歎曰：「衣冠禮樂盡在此矣，非吾所及也。」（此節之解釋見上文）弘以三年之喪祥禫具有降殺朞服，十一月而練者無所象法，以聞於高祖，高祖納焉，下詔除朞練之禮，自弘始也。（大業）三年改爲右光祿大夫，從拜恆岳，壇場、珪幣、墠時、牲牢，並弘所定。

史臣曰：「牛弘篤好墳籍，學優而仕，採百王之損益，成一代之典章，漢之叔孫不能尚也。」

隋書柒伍儒林傳辛彥之傳（北史捌貳儒林傳下辛彥之傳同）略云：

辛彥之，隴西狄道人也。祖世叙魏涼州刺史，父靈輔周渭州刺史。（彥之）博涉經史，與天水牛弘同志好學。後入關，遂家京兆。周太祖見而器之，引爲中外府禮曹。時國家草創，百度伊始，朝貴多出武人，修定儀注唯彥之而已。及周閔帝受禪，彥之與少宗伯盧辯專掌儀制，明武時歷職典祀太祝樂部御正四曹大夫開府儀同三司。宣帝即位，拜少宗伯。高祖受禪，除太常少卿，尋轉國子祭酒，歲餘拜禮部尚書，與祕書監牛弘撰新禮。吳興沈重名爲碩學，高祖嘗令彥之與重論議，重不能抗，於是避席而謝曰：「辛君所謂，金城湯池，無可攻之勢。」高祖大悅。彥之撰墳典一部、六官一部、祝文一部、禮要一部、新禮一部、五經異義一部，並行於世。

茲擇錄牛弘、辛彥之兩傳事蹟較詳者，蓋欲以闡明魏晉以降中國西北隅即河隴區域在文化學術史上所具之特殊性質，其關於西域文明、中外交通等，爲世人所習知，且非本書討論範圍，於此可不論。茲所論者，惟此偏隅之地，保存漢代中原之文化學術，經歷東漢末、西晉之大亂及北朝擾攘之長期，能不失墜，卒得輾轉灌輸，加入隋唐統一混合之文化，蔚然爲獨立之一源，繼前啓後，實吾國文化史之一大業。昔人未曾涉及，故不揣愚陋，試爲考釋之於下：

河隴一隅所以經歷東漢末、西晉、北朝長久之亂世而能保存漢代中原之學術者，不外前文所言家世與地域之二點，易言之，即公立學校之淪廢，學術之中心移於家族，太學博士之傳授變爲家人父子之世業，所謂南北朝之家學者是也。又學術之傳授既移於家族，則京邑與學術之關係不似前此之重要。當中原擾亂京洛丘墟之時，苟邊隅之地尚能維持和平秩序，則家族之學術亦得藉以遺傳不墜。劉石紛亂之時，中原之地悉爲戰區，獨河西一隅自前涼張氏以後尚稱治安，故其本土世家之學術既可以保存，外來避亂之儒英亦得就之傳授，歷時既久，其文化學術遂漸具地域性質，此河隴邊隅之地所以與北朝及隋唐文化學術之全體有如是之密切關係也。

三國志魏志壹叁王朗傳附子肅傳末云：

自魏初徵士敦煌周生烈、明帝時大司農弘農董遇等亦歷注經傳，頗傳於世。

一節下裴注云：

魏略以遇及賈洪、邯鄲淳、薛夏、隗禧、蘇林、樂詳等七人爲儒宗，其序曰：

從初平之元至建安之末，天下分崩，人懷苟且，紀綱既衰，儒道尤甚。至黃初元年之後，新主乃復始掃除太學之灰炭，補舊石碑之缺壞，備博士之員錄，依漢甲乙以考課，申告州郡，有欲學者皆遣詣太學，太學始開有弟子數百人。至太和青龍中，中外多事，人懷避就，雖性非解學，多求詣太學。太學諸生有千數，而諸博士率皆麤疎，無以教弟子，弟子本亦避役，竟無能習學，冬來春去，歲歲如是。又雖有精者，而臺閣舉格太高，加不念統其大義，而問字指墨法點注之間，百人同試，度者未十，是以志學之士遂復陵遲，而末求浮虛者各競逐也。正始中有詔議圜丘，普延學士，是時郎官及司徒領吏二萬餘人，雖復分布，見在京師者尚且萬人，而應書與議者略無幾人。又是時朝堂公卿以下四百餘人，其能操筆者未有十人，多皆相從飽食而退。嗟夫！學業沈隕乃至於此。是以私心常區區貴乎數公者，各處荒亂之際而能守志彌敦者也。

賈洪，京兆新豐人也。

薛夏，天水人也。

隗禧，京兆人也。

又魏志貳伍高堂隆傳，略云：

始景初中帝以蘇林、秦靜等並老，恐無能傳業者，乃詔曰：「方今宿生巨儒並各年高，教訓之道孰爲其繼？其科郎吏高才解經義者三十人，從光祿勳隆、散騎常侍林、博士靜分受四經三禮，主者具爲設課試之法。」數年隆等皆卒，學者遂廢。

據上引史文可證明二事：一爲自漢末亂後，魏世京邑太學博士傳授學業之制徒爲具文，學術中心已不在京邑公立之學校矣。二爲當東漢末中原紛亂，而能保持章句之儒業，講學著書，如周生烈、賈洪、薛夏、隗禧之流，俱關隴區域之人，則中原章句之儒業，自此之後已逐漸向西北移轉，其事深可注意也。

晉書捌陸張軌傳略云：

張軌，安定烏氏人。家世孝廉，以儒學顯，與同郡皇甫謐善。中書監張華與軌論經義及政事損益，甚器之。謂安定中正爲蔽善抑才，乃美爲之談以爲二品之精。軌以時方多難，陰圖據河西，於是求爲涼州，公卿亦舉軌才堪御遠，永寧初出爲護羌校尉涼州刺史。於時鮮卑反叛，寇盜縱橫，軌到官即討破之，遂威著西州，化行河右。以宋配、陰充、氾瑗、陰澹爲股肱謀主，徵九郡胄子五百人，立學校，始置崇文祭酒，位視別駕，春秋行鄉射之禮。秘書監繆世徵、少府摯虞夜觀星象，相與言曰：「天下方亂，避難之國唯涼土耳。張涼州德量不恆，殆其人乎？」（軌）遣治中張閬送義兵五千及郡國秀孝貢計器甲方物歸於京師，令有司可推詳立州已來淸貞德素、嘉遯遺榮、高才碩學、著述經史等具狀以聞，州中父老莫不相慶。太府參軍索輔言於軌曰：「古以金貝皮幣爲貨，息穀帛量度之秏，二漢制五銖錢，通易不滯，泰治中河西荒廢，遂不用錢，裂匹以爲段數，縑布既壞，市易又難，徒壞女工，不任衣用，弊之甚也。今中州雖亂，此方安全，宜復五銖，以濟通變之會。」軌納之，立制準布用錢，錢遂大行，人賴其利。〔中略〕。天錫窘逼，降於（姚）萇等，自軌爲涼州，至天錫，凡九世七十六年矣。（苻）堅大敗於淮肥，時天錫爲苻融征南司馬，於陣歸國。天錫少有文才，流譽遠近，及歸朝甚被恩遇。

同書壹貳貳呂光載記略云：

呂光，略陽氐人也。（苻）堅既平山東，士馬强盛，遂有圖西域之志，乃授光使持節都督西討諸軍事，以討西域。龜茲王帛純拒光，光入其城，大饗將士，賦詩言志。見其宮室壯麗，命參軍京兆段業著龜茲宮賦以譏之。既平龜茲，有留焉之志，大饗文武，博議進止，衆咸請還，光從之。光入姑臧，自領涼州刺史、護羌校尉。張掖督郵傅曜考覈屬縣，而丘池令尹興殺之，投諸空井。曜見夢於光，光寤遣使覆之，如夢。光怒，殺興。著作郎段業以光未能揚淸激濁，使賢愚殊貫，因療疾於天梯山，作表志詩、九歎、七諷十七篇以諷焉。光覽而悅之。

同書捌柒涼武昭王傳略云：

武昭王諱暠，字玄盛，隴西成紀人，姓李氏，世爲西州右姓。高祖雍、曾祖柔仕晉並歷位郡守；祖弇仕張軌爲武衞將軍安世亭侯；父昶早卒，遺腹生玄盛。少而好學，通涉經史，尤善文義。呂光末京兆段業自稱涼州牧，以敦煌太守趙郡孟敏爲沙州刺史，署玄盛效穀令。敏尋卒，敦煌護軍馮翊郭謙等以玄盛有惠政，推爲敦煌太守。及業僭稱涼王，進玄盛持節都督涼興已西諸軍事，鎭西將軍領護西夷校尉。隆安四年晉昌太守唐瑤移檄六郡，推玄盛爲大都督大將軍涼公領秦涼二州牧護羌校尉。（玄盛）於南門外臨水起堂，名曰靖恭之堂，圖讚自古聖帝明王、忠臣孝子、烈士貞女，玄盛親爲序頌，以明鑒戒之義，當時文武羣寮亦皆圖焉。又立泮宮，增高門學生五百人，起嘉納堂於後園，以圖讚所志。玄盛謂羣僚曰：「昔河右分崩，羣豪競起，吾以寡德，爲衆賢所推，前遣雲騎東殄不庭，軍之所至，莫不賓下。惟蒙遜鴟跱一城，自張掖已東晉之遺黎爲戎虜所制，吾將遷都酒泉，漸逼寇穴，諸君以爲何如？」張邈贊成其議，遂遷居於酒泉。手令誡其諸子曰：「寮佐邑宿盡禮承敬，古今成敗不可不知，退朝之暇念觀典籍，面牆而立，不成人也。此郡世篤忠厚，人物敦雅，天下全盛時海內猶稱之，況復今日？」初苻堅建元之末，徙江漢之人萬餘戶於敦煌，中州之人有田疇不闢者亦徙七千餘戶。郭黁之寇武威，武威、張掖已東人西奔敦煌、晉昌者數千戶。及玄盛東遷，皆徙之於酒泉，分南人五千戶置會稽郡，中州人五千戶置廣夏郡，餘萬三千戶分置武威、武興、張掖三郡，築城於敦煌南子亭，以威南虜。玄盛既遷酒泉，乃敦勸稼穡。羣僚以年穀頻登，百姓樂業，請勒銘酒泉，玄盛許之。於是使儒林祭酒劉彥明爲文，刻石頌德。玄盛上巳日讌於曲水，命羣僚賦詩，而親爲之序。玄盛以緯世之量，當呂氏之末，爲羣雄所奉，遂啓霸圖，兵無血刃，坐定千里，謂張氏之業指期而成，河西十郡歲月而一。既而秃髮傉檀入據姑臧，沮渠蒙遜基宇稍廣，於是慨然著述志賦焉。先是河右不生楸槐柏漆，張駿之世取於秦隴而植之，終於皆死，而酒泉宮之西北隅有槐樹生焉，玄盛又著槐樹賦以寄情，蓋歎僻陋遐方立功非所也。亦命主簿梁中庸及劉彥明等並作文，感兵難繁興，時俗諠競，乃著大酒容賦以表恬豁之懷。與辛景、辛恭靖同志友善，景等歸晉，遇害江南，玄盛聞而弔之。玄盛前妻辛納女，貞順有婦儀，先卒，玄盛親爲之誄。自餘詩賦數十篇。〔中略〕。玄盛以安帝隆安四年立，至宋少帝景平元年滅，據河右凡二十四年。

同書壹貳陸秃髮烏孤載記云：

秃髮烏孤，河西鮮卑人也。

又同書同卷秃髮利鹿孤載記略云：

利鹿孤謂其羣下曰：「自負乘在位，三載於茲，務進賢彥而下猶蓄滯，二三君子其極言無諱」。祠部郎中史暠對曰：「今取士拔才必先弓馬，文章學藝爲無用之條，非所以來遠人，垂不朽也。孔子曰：『不學禮，無以立。』宜建學校，選耆德碩儒，以訓胄子。」利鹿孤善之，於是以田玄冲、趙誕爲博士祭酒，以教胄子。

又同書同卷禿髮傉檀載記略云：

姚興遣其尚書韋宗來觀釁，宗還長安，言於興曰：「涼州雖殘弊之後，風化未穨，未可圖也。」（禿髮）烏孤以安帝隆安元年僭立，至傉檀三世，凡十九年，以安帝義熙十年滅。

同書壹貳玖沮渠蒙遜載記略云：

沮渠蒙遜，臨松盧水胡人也。博涉羣史，頗曉天文。隆安五年，梁中庸、房晷、田昂等推蒙遜爲使持節大都督、涼州牧張掖公。以敦煌張穆博通經史，才藻淸贍，擢拜中書侍郎，委以機密之任。蒙遜西祀金山，卑和虜率衆迎降，遂循海而西，至鹽池，祀西王母寺。寺中有玄石神圖，命其中書侍郎張穆賦焉，銘之於寺前，遂如金山而歸。蒙遜以安帝隆安元年自稱州牧，義熙八年僭立，後八年而宋氏受禪，以元嘉十年死，在僞位三十三年。子茂虔立六年爲魏氏所擒，合三十九載而滅。

同書壹壹柒姚興載記上略云：

興徵涼州刺史王尚還長安，尚既至長安，坐匿呂氏宮人，擅殺逃人薄禾等，禁止南臺。涼州別駕宗敞，治中張穆，主薄邊憲、胡威等上疏理尚曰：「臣等生自西州，位忝吏端，主辱臣憂，故重繭披款，惟陛下亮之。」興覽之大悅，謂其黃門侍郎姚文祖曰：「卿知宗敞乎？」文祖曰：「與臣州里，西方之英雋。」興曰：「有表理王尚，文義甚佳，當王尚研思耳。」文祖曰：

「尙在南臺禁止，不與賓客交通，敞寓於楊桓，非尙明矣。」興曰：「若爾，桓爲措思乎？」文祖曰：「西方評敞甚重，優於楊桓，敞昔與呂超周旋，陛下試可問之。」興因謂超曰：「宗敞文才何如，可是誰輩？」超曰：「敞在西土時論甚美，方敞魏之陳徐，晉之潘陸。」即以表示超曰：「涼州小地，寧有此才乎？」超曰：「臣以敞餘文比之，未足稱多，但當問其文彩何如，不可以區宇格物。」興悅，赦尙之罪，以爲尙書。

同書壹肆地理志上涼州條，略云：

漢置張掖、酒泉、敦煌、武威郡，其後又置金城郡，謂之河西五郡。（晉惠帝）永寧中，張軌爲涼州刺史，鎭武威，上表請合秦雍流移人於姑臧西北，置武興郡。是時中原淪沒，元帝徙居江左，軌乃控據河西，稱晉正朔，是爲前涼。（張）天錫降於苻氏，其地旋爲呂光所據。呂光都於姑臧，及呂隆降於姚興，其地三分。（涼）武昭王爲西涼，建號於敦煌；禿髮烏孤爲南涼，建號於樂都；沮渠蒙遜爲北涼，建號於張掖；而分據河西五郡。

綜合上引史文，凡河西區域自西晉永寧至東晉末世，或劉宋初期，百有餘年間，其有關學術文化者亦可窺見一二。蓋張軌領涼州之後，河西秩序安定，經濟豐饒，既爲中州人士避難之地，復是流民移徙之區，百餘年間紛爭擾攘固所不免，但較之河北、山東屢經大亂者，略勝一籌。故託命河西之士庶猶可以蘇喘息長子孫，而世族學者自得保身傳代以延其家業也。又張軌、李暠皆漢族世家，其本身即以經學文藝著稱，故能設學校獎儒業，如敦煌之劉昞即注魏劉劭人物志者，魏晉間才性同異之學說尙得保存於此一隅，遂以流傳至今，斯其一例也（見北平圖書館季刊第貳卷第壹期湯用彤先生讀劉劭人物志論文，及一九三七年淸華學報拙作逍遙遊向郭義及支遁義探源）。若其他割據之雄，段業則事功不成而文釆特著，呂氏、禿髮、沮渠之徒倶非漢族，不好讀書，然仍能欣賞漢化，擢用士人，故河西區域受制於胡戎，而文化學術亦不因以淪替，宗敞之見賞於姚興，斯又其一例也。至於隴右即晉秦州之地，介於雍涼間者，旣可受長安之文化，亦得接河西之安全，其能保存學術於荒亂之世，固無足異。故茲以隴右河西同類並論，自無不可也。

旣明乎此，然後可以解釋隴右、河西之文化與北魏初期即太武時代中原漢族之文化，及北魏後期即孝文、宣武時代中原漢族文化遞嬗同異之關係，請略引舊史以證之（參考通鑑壹貳叁宋紀元嘉十六年十二月魏主猶以妹壻待沮渠牧犍條）。

魏書伍貳以趙逸等十二人爲一卷，北史叁肆於趙逸等十二人外復加以游雅、高閭，又別取魏書玖壹術藝傳之江式合爲一卷，寅恪以爲游雅、高閭二人非秦涼學者，可不列入；至江式則亦源出河西，與趙逸等併爲一卷，體例甚合。故茲節錄魏書、北史趙逸等十二人傳及江式傳，又魏書、北史程駿傳，宋書、南史杜驥傳，並取魏書、北史所載崔浩、李沖、李韶、常爽、常景、源懷等事蹟關涉河西人士文化學術者於下，以資論證（又魏書、北史之袁式傳雖與河西無涉，但北魏之「外國遠方名士」與崔浩有關，故亦節取傳文，附於後焉）。

魏書伍貳趙逸傳（北史叁肆趙逸傳同）略云：

趙逸，天水人也。好學夙成，仕姚興歷中書侍郎，爲興將齊難軍司，征赫連屈丐，難敗，爲屈丐所虜，拜著作郎。世祖平統萬，見逸所著，曰：「此豎無道，安得爲此言乎？作者誰也，其速推之。」司徒崔浩進曰：「彼之謬述，亦猶子雲之美新，皇王之道固宜容之。」世祖乃止，拜中書侍郎。神䴥二年三月上巳帝幸白虎殿，命百寮賦詩，逸製詩序，時爲稱善久之。性好墳典，白首彌勤，年踰七十，手不釋卷。凡所著述，詩賦銘頌五十餘篇。

同書同卷胡方回傳（北史叁肆胡方回傳同）略云：

胡方回，安定臨涇人。方回赫連屈丐中書侍郎，涉獵史籍，辭彩可觀，爲屈丐統萬城銘、蛇祠碑諸文頗行於世。世祖破赫連昌，方回入國，雅有才尙，未爲時所知也。後爲北鎭司馬，爲鎭修表，有所稱慶，世祖覽之嗟美，問誰所作。既知方回，召爲中書博士，遷侍郎。與游雅等改定律例，司徒崔浩及當時朝賢並愛重之。

同書同卷胡叟傳（北史叁肆胡叟傳同）略云：

胡叟，安定臨涇人也。世有冠冕，爲西夏著姓。西入沮渠牧犍，遇之不重，叟乃爲詩示所知廣平程伯達，其略曰：「望衞惋祝鮀，眄楚悼靈均。」伯達見詩曰：「涼州雖地居戎域，然自張氏以來，號有華風，今則憲章無虧，曷祝鮀之有也？」叟曰：「吾之擇木，夙在大魏，與子暫達，非久闊也。」歲餘牧犍破降，叟既先歸國，朝廷以其識機拜虎威將軍，賜爵復始男。高宗時召叟及（金城宗）舒並使作檄劉駿蠕蠕文，舒文劣於叟。（廣寧常）順陽數子稟叟獎示，頗涉文流。（高）閭作宣命賦，叟爲之序。

同書同卷宋繇傳（北史叄肆宋繇傳同）略云：

宋繇，敦煌人也。曾祖配、祖悌世仕張軌子孫，父僚張玄靚龍驤將軍武興太守。（繇）隨（張）彥至酒泉，追師求學，閉室誦書，晝夜不倦，博通經史，諸子羣言，靡不覽綜。呂光時舉秀才，除郎中，後奔段業，業拜繇中散常侍。西奔李暠，歷位通顯。雅好儒學，雖在兵難之間講誦不廢。每聞儒士在門，常倒屣出迎，停寢政事，引談經籍。沮渠蒙遜平酒泉，於繇室得書數千卷，歎曰：「孤不喜剋李歆，欣得宋繇耳。」拜尚書吏部郎中，委以銓衡之任。蒙遜之將死也，以子委託之。世祖幷涼州，從牧犍至京師，卒。

同書同卷張湛傳（北史叄肆張湛傳同）略云：

張湛，敦煌人，魏執金吾恭九世孫也。湛弱冠知名涼土，好學能屬文。仕沮渠蒙遜，涼州平，入國，年五十餘矣。司徒崔浩識而禮之，浩注易叙曰：「國家西平河右，敦煌張湛、金城宗欽、武威段承根三人皆儒者，並有儁才，見稱於西州，每與余論易，余以左氏傳卦解之，遂相勸爲注，故因退朝之餘暇而爲之解焉。」其見稱如此。湛至京師，家貧不粒，浩常給其衣食，薦爲中書侍郎。湛知浩必敗，固辭，每贈浩詩頌，多箴規之言。浩亦欽敬其志，每常報答，極推崇之美〔此三十八字北史文〕。及浩被誅，湛懼，悉燒之。兄懷義，崔浩禮之與湛等〔此七字北史文〕。

同書同卷宗欽傳（北史叁肆宗欽傳同）略云：

宗欽，金城人也。父燮，呂光太常卿。欽少而好學，有儒者之風，博綜羣言，聲著河右。仕沮渠蒙遜，爲中書侍郎、世子洗馬。欽上東宮侍臣箴。世祖入涼州，入國，拜著作郎。與高允書贈詩，允答書並詩，甚相褒美〔此十五字北史文〕。崔浩之誅也，欽亦賜死。欽在河西撰蒙遜記十卷，無足可稱。

同書同卷段承根傳（北史叁肆段承根傳同）略云：

段承根，武威姑臧人。父暉，乞伏熾磐以暉爲輔國大將軍涼州刺史御史大夫。磐子暮末襲位，暉父子奔吐谷渾暮璝。暮璝內附，暉與承根歸國，世祖素聞其名，頗重之，以爲上客。後暉從世祖至長安，有人告暉欲南奔，世祖密遣視之，果如告者之言，斬之於市。承根好學，機辯有文思，而性行疏薄，有始無終。司徒崔浩見而奇之，以爲才堪著述，言之世祖，請爲著作郎，引與同事。世咸重其文而薄其行，甚爲敦煌公李寶所敬待。浩誅，承根與宗欽俱死。

同書同卷闞駰傳（北史叁肆闞駰傳同）略云：

闞駰，敦煌人也。祖倞有名於西土，父玟爲一時秀士。駰博通經傳，三史羣言，經目則誦。注王朗易傳，學者藉以通經，撰十三州志行於世。（沮渠）蒙遜甚重之，拜祕書考課郎中，給文吏三十人，典校經籍，刊定諸子三千餘卷。姑臧平，樂平王丕鎮涼州，引爲從事中郎。王薨之後還京師，卒，無後。

同書同卷劉昞傳（北史叁肆劉延明傳同）略云：

劉昞，字延明，敦煌人也。父寶以儒學稱。昞年十四就博士郭瑀學，瑀遂以女妻之。後隱居酒泉，不應州郡之命，弟子受業者五百餘人。李暠徵爲儒林祭酒從事中郎。暠好尚文典，書史穿落者親自補治，昞時侍側，前請代暠，暠曰：「躬自執者，欲人重此典籍，吾與卿相値，何異孔明之會玄德！」遷撫夷護軍，雖有政務，手不釋卷。昞以三史文繁，著略記百三十篇八十四卷。涼書十卷，敦煌實錄二十卷，方言三卷，靖恭堂銘一卷，注周易、韓子、人物志、黃石公三略，並行於世。（沮渠）蒙遜平酒泉，拜祕書郎，專管注記。築陸沈觀於西苑，躬往禮焉，號玄處先生，學徒數百，月致羊酒。牧犍尊爲國師，親自致拜，命官屬以下皆北面受業焉。時同郡索敞、陰興爲助教，並以文學見舉，每巾衣而入。世祖平涼州，士民東遷，夙聞其名，拜樂平王從事中郎。世祖詔諸年七十以上聽留本鄉，一子扶養，昞時老矣，在姑臧歲餘，思鄉而返，至涼州西四百里韭谷窟，遇疾而卒。昞六子，次仲禮留鄉里。太和十四年尙書李沖奏：「昞河右碩儒，今子孫沈屈，未有祿潤，賢者子孫宜蒙顯異。」於是除其一子爲郢州雲陽令。正光三年太保崔光奏曰：「故樂平王從事中郎敦煌劉昞著業涼城，遺文在茲，篇籍之美頗足可觀。維祖逮孫相去未遠，而令久淪皁隸，不獲收異，儒學之士所爲竊歎，乞敕尙書推檢所屬，甄免碎役。」四年六月詔曰：「昞德冠前世，蔚爲儒宗，太保啓陳，深合勸善，其孫等三家特可聽免！」河西人以爲榮。

同書同卷趙柔傳（北史叁肆趙柔傳同）略云：

趙柔，金成人也。少以德行才學知名河右，沮渠牧犍時爲金部郎。世祖平涼州，內徙京師。高宗踐阼，拜著作郎。

同書同卷索敞傳（北史叁肆索敞傳同）略云：

索敞，敦煌人。爲劉昞助教，專心經籍，盡能傳昞之業。涼州平，入國，以儒學見拔爲中書博士。篤勤訓授，肅而有禮。京師大族貴遊子弟皆敬憚威嚴，多所成益，前後顯達位至尙書牧守者數十人，皆授業於敞。敞遂講授十餘年。敞以喪服散在衆篇，遂撰比爲喪服要記。

同書同卷陰仲達傳（北史叁肆段承根傳附陰仲達事蹟）略云：

陰仲達，武威姑臧人，少以文學知名。世祖平涼州，內徙代都。司徒崔浩啓仲達與段承根云，二人俱涼土才華。同修國史，除祕書著作郎，卒。

同書術藝傳江式傳（北史叁肆江式傳同）略云：

江式，陳留濟陽人也。六世祖瓊晉馮翊太守，善蟲篆詁訓。永嘉大亂，棄官西投張軌，子孫因居涼土，世傳家業。祖強字文威，太延五年涼州平，內徙代京，上書三十餘法，又獻經史諸子千餘卷，由是擢拜中書博士。父紹興，高允奏爲祕書郎，掌國史二十餘年。式少傳家學，除符節令，以書文昭太后尊號謚册特除奉朝請，仍符節令，篆體尤工，洛京宮殿諸門板題皆式書也。延昌三年三月式上表曰：「臣六世祖瓊，家世陳留，往晉之初，與從父兄應元，俱受學於衞覬，古篆之法，倉雅方言說文之誼，當時並收善譽。而祖官至太子洗馬，出爲馮翊郡，值洛陽之亂，避地河西，數世傳習，斯業所以不墜也。世祖太延中，皇威西被，牧犍內附，臣亡祖文威杖策歸國，奉獻五世傳掌之書，古篆八體之法，時蒙褒錄，叙列於儒林，官班文省，家號世業。暨臣闇短，漸漬家風，參預史官，題篆宮禁，是以敢藉六世之資，奉遵祖考之訓，輒求撰集古來文字，以許愼說文爲主，爰採孔氏尚書、五經音注、籀篇、爾雅、三倉、凡將、方言、通俗文、祖文宗、埤倉、廣雅、古今字詁、三字石經、字林、韻集、諸賦文字有六書之誼者，皆以次編聯，文無復重，糾爲一部。其古籀奇惑俗隸諸體，咸使班於篆下，各有區別。訓詁假借之誼，僉隨文而解。音讀楚夏之聲，並逐字而注。其所不知者，則闕如也。」詔曰：「可如所請。」於是撰集字書，號曰古今文字凡四十卷，大體依許氏說文爲本，上篆下隸，其書竟未能成。

同書陸拾程駿傳（北史肆拾程駿傳略同）略云：

程駿，本廣平曲安人也。六世祖良晉都水使者，坐事流於涼州；祖父肇，呂光民部尙書。駿少孤貧，師事劉昞，性機敏好學，晝夜無倦。駿謂昞曰：「今世名敎之儒咸謂老莊其言虛誕，不切實要，弗可以經世，駿意以爲不然，老子著抱一之言，莊生申性本之旨，若斯者可謂至順矣。人若乖一，則煩僞生，爽性則冲眞喪。」昞曰：「卿年尙稚，言若老成矣。」由是聲譽益播，沮渠牧犍擢爲東宮侍講。太延五年，世祖平涼，遷於京師，爲司徒崔浩所知。文成踐阼，拜著作佐郎，未幾遷著作郎。顯祖屢引駿與論易老之義，顧謂羣臣曰：「朕與此人言，意甚開暢。」拜祕書令，沙門法秀謀反伏誅，駿上慶國頌十六章，並序巡狩甘雨之德焉。又奏得一頌，始於固業，終於無爲十篇。太和九年卒，所制文筆自有集錄，弟子靈虬。

北史貳壹崔宏傳附崔浩傳云：

浩有鑒識，以人倫爲己任。明元太武之世，徵海內賢才，起自仄陋及所得外國遠方名士，拔而用之，皆浩之力也（寅恪案：魏書叁伍崔浩傳無此節）。至於禮樂憲章皆宗於浩。

魏書伍叁李沖傳（北史壹百序傳同）略云：

李沖，隴西人，敦煌公寶少子也。顯祖末爲中書學生，高祖初以例遷祕書中散，典禁中文事，以修整敏惠，漸見寵待，遷內祕書令南部給事中。舊無三長，惟立宗主督護，所以民多隱冒，五十三十家方爲一戶，沖以三正治民，所由來遠，於是創三長之制而上之。文明太后覽而稱善，遂立三長，公私便之。遷中書令，尋轉南部尚書。沖爲文明太后所幸，恩寵日盛，賞賜月至數十萬，密致珍寶異物以充其第，外人莫得而知焉。沖家素淸貧，於是始爲富室，而謙以自牧，積而能散，近自姻族，逮於鄉閭，莫不分及，虛己接物，垂念羈寒，衰舊淪屈由之躋叙者亦以多矣。是時循舊王公重臣皆呼其名，高祖常謂沖爲中書而不名之。文明太后崩後，高祖居喪，引見接待有加。及議禮儀律令，潤飾辭旨，刊定輕重，高祖雖自下筆，無不訪決焉。於是天下翕然，及殊方聽望咸宗奇之。高祖亦深相仗信，親敬彌甚，君臣之間，情義莫二。及改置百司，開建五等，以沖參定典式，封滎陽郡開國侯，拜廷尉卿，尋遷侍中吏部尚書。詔曰：「明堂太廟已成於昔年，將以今春營改正殿，尚書沖可領將作大匠，司空長樂公（穆）亮可與大匠共監興繕。」定都洛陽以沖爲鎮南將軍，委以營構之任，遷爲尚書僕射。沖機敏有巧思，北京明堂圜丘太廟及洛都初基，安處郊兆，新起堂寢，皆資於沖。且理文簿，兼營匠制，几案盈積，剞劂在手，終不勞厭也。然顯貴門族，務益六姻；是其親者，雖復癡聾，無不超越官次。沖卒，高祖爲舉喪於懸瓠，發聲悲泣，不能自勝。詔曰：「太和之始早委機密，鴻漸瀍洛，升冠端右，可謂國之賢也，朝之望也。」贈司空公，有司奏謚曰文穆，葬於覆舟山，近杜預冢，高祖之意也。後車駕自鄴還洛，路經沖墓，高祖臥疾，望墳掩泣久之，詔曰：「可遣太牢之祭，以申吾懷。」與留京百官相見，皆叙沖亡沒之故，言及流涕。高祖留臺啓知沖患狀，謂宋弁曰：「僕射執我樞衡，總釐朝務，朕委以台司之寄，使我出境無後顧之憂，一朝忽有此患，朕甚愴慨。」其相痛惜如此。

同書叁玖李寶傳（北史壹百李寶傳同）略云：

寶有六子：承、茂、輔、佐、公業、沖。

（承）長子韶，延興中補中書學生，襲爵姑臧侯，除儀曹令。時修改車服及羽儀制度，皆令韶典焉。高祖將創建都之計，詔引侍臣訪以古事。韶對洛陽九鼎舊所，七百攸基，地則土中，實均朝貢，惟王建國莫尚於此，高祖稱善。起兼將作大匠，敕參定朝儀。

同書捌肆儒林傳常爽傳（北史肆貳常爽傳同）略云：

常爽，河內温人，魏太常林六世孫也。祖珍，苻堅南安太守，因世亂遂居涼州；父坦，乞伏世鎮遠將軍大夏鎮將顯美侯。（爽）篤志好學，博聞强識，明習緯候，五經百家多所研綜，州郡禮命皆不就。世祖西征涼土，爽與兄仕國歸欵軍門，世祖嘉之，賜仕國爵五品顯美男，爽爲六品，拜宣威將軍。是時戎車屢駕，征伐爲事，貴游子弟，未遑學術，爽置館温水之右，教授門徒七百餘人，京師學業翕然復興。爽立訓甚有勸罰之科，弟子事之若嚴君焉。尙書左僕射元贇、平原太守司馬貞安、著作郎程靈虬皆是爽教所就，崔浩、高允並稱爽之嚴教，獎勵有方。允曰：「文翁柔勝，先生剛克，立教雖殊，成人一也。」其爲通識歎服如此。因教授之暇，述六經略注以廣制作，甚有條貫，其略注行於世。爽不事王侯，獨守閑靜，講肆經典二十餘年，時人號爲儒林先生，年六十三卒於家。子文通歷官至鎮西司馬南天水太守西翼校尉。文通子景別有傳。

同書捌貳常景傳（北史肆貳常景傳同）略云：

景少聰敏，及長有才思，雅好文章，廷尉公孫良舉爲律學博士，高祖親得其名，既而用之。後爲門下錄事太常博士。正始初，詔尙書門下於金墉中書外省考論律令，勅景參議。先是太常劉芳與景等撰朝令，未及班行，別典儀注，多所草創，未成，芳卒，景纂成其事。及世宗崩，詔景（自長安）赴京，還修儀注，又勅撰太和之後朝儀已施行者，凡五十餘卷。永熙二年監議事〔寅恪案：徐崇補南北史藝文志魏五禮條云疑監議下脫去「五禮」二字〕。

隋書叁叁經籍志史部儀注類載：

後魏儀注五十卷。

舊唐書肆陸經籍志史部儀注類載：

後魏儀注三〔寅恪案：三疑五之誤〕十二卷，常景撰。

新唐書伍捌藝文志儀注類載：

常景後魏儀注五十卷。

魏書肆壹源賀傳（北史貳捌源賀傳同）略云：

源賀，自署河西王禿髮傉檀之子也。傉檀爲乞伏熾盤所滅，賀自樂都來奔，世祖素聞其名，謂賀曰：「卿與朕源同，因事分姓，今可爲源氏。」長子延，延弟思禮後賜名懷，遷尚書令，參議律令。

北史貳捌源賀傳附玄孫師傳（參考北齊書伍拾恩倖傳高阿那肱傳，又隋書陸陸源師傳刪略「漢兒」語殊失其眞）略云：

師少知名，仕齊爲尙書左外兵郎中，又攝祠部。後屬孟夏，以龍見請雩。時高阿那肱爲錄尙書事，謂爲眞龍出見，大驚喜，問龍所在，云作何顏色。師整容云：「此是龍星初見，依禮當雩祭郊壇，非謂眞龍別有所降。」阿那肱忿然作色曰：「漢兒多事，強知星宿，祭事不行。」師出歎曰：「國家大事，在祀與戎，禮既廢也，其能久乎？齊亡無日矣。」尋周武平齊。

通鑑壹柒壹陳紀太建五年夏四月載此事，胡注云：

諸源本出於鮮卑禿髮，高氏生長於鮮卑，自命爲鮮卑，未嘗以爲諱，鮮卑遂自謂貴種，率謂華人爲漢兒，率侮詬之。諸源世仕魏朝貴顯，習知典禮，遂有雩祭之請，冀以取重，乃以取詬。通鑑詳書之，又一嘅也。

同書壹貳叁宋紀元嘉十六年十二月，涼州自張氏以來號爲多士條，胡注云：

永嘉之亂，中州之人士避地河西，張氏禮而用之。子孫相承，衣冠不墜，故涼州號爲多士。

宋書陸伍杜驥傳（南史柒拾循吏傳杜驥傳同）略云：

杜驥，京兆杜陵人也。高祖預晉征南將軍，曾祖耽避地河西，因仕張氏，苻堅平涼州，父祖始還關中。兄坦頗涉史傳。高祖征長安席卷隨從南還，太祖元嘉中任遇甚厚。晚度北人朝廷常以傖荒遇之，雖復人才可施，每爲清途所隔，坦以此慨然，嘗與太祖言曰：「臣本中華高族，亡曾祖晉氏喪亂播遷涼土，世業相承，不殞其舊，直以南度不早，便以荒傖賜隔。」〔寅恪案：杜坦所言，亦可與晉書捌肆楊佺期傳參證。〕

魏書叁捌袁式傳（北史貳柒袁式傳同）略云：

袁式，陳郡陽夏人。父淵司馬昌明侍中。式在南歷武陵王遵諮議參軍，與司馬文思等歸姚興。泰常二年歸國，爲上客，賜爵陽夏子。與司徒崔浩一面便盡國士之交。是時朝儀典章悉出於浩，浩以式博於古事，每所草創，恆顧訪之。式沈靖樂道，周覽書傳，至於訓詁倉雅偏所留懷，作字釋未就。

寅恪案：崔浩傳所謂外國遠方名士，當即指河西諸學者或袁式而言。其以左傳卦解易，張湛、宗欽、段承根俱主其說，實爲漢儒舊誼，今日得尙秉和先生易林解詁一書，愈可證明者也。蓋當日中原古誼，久已失傳，崔浩之解，或出其家學之僅存者，然在河西則遺說猶在，其地學者，類能言之。此浩所以喜其與家學冥會，而於河西學者所以特多薦拔之故歟？劉昞之注人物志，乃承曹魏才性之說者，此亦當日中州絕響之談也。若非河西保存其說，則今日亦無以窺見其一斑矣。程駿與劉昞之言，乃周孔名敎與老莊自然合一之論，此說爲晉代淸談之焦點，王阮之問答（世說新語文學篇阮宣子有令問條，以爲阮脩答王衍之言，晉書肆玖阮瞻傳則以爲阮瞻對王戎之語，其他史料關於此者亦有歧異，初視之似難定其是非。其實此問若乃代表當時通性之眞實，其個性之眞實雖難確定，然不足致疑也。又此問題當時有實際政治及社會之關係，不僅限於玄談理論，寅恪別有文考之；茲不詳論），所謂「將無同」三語，即實同之意，乃此問題之結論，而袁宏後漢紀之議論，多爲此問題之詳釋也（後漢紀貳貳延嘉九年及貳叁建寧二年之所論乃其最顯著者，其餘散見諸卷，不可悉舉）。自晉室南渡之後，過江名士尙能沿述西朝舊說，而中原舊壤久已不聞此論，斯又河西一隅之地尙能保存典午中朝遺說之一證也。至李沖者，西涼李暠之曾孫，雖以得幸文明太后遂致貴顯，然孝文既非庸闇之主，且爲酷慕漢化之君，其付沖以端揆重任，凡制定禮儀律令，及營建都邑宮廟諸役，以及其他有關變革夷風摹擬漢化之事，無不使沖參決監令者，蓋幾以待王肅者待沖，則沖之爲人必非庸碌凡流，實能保持其河西家世遺傳之舊學無疑也。魏初宗主督護之制（參考魏書壹壹拾食貨志），蓋與道武時離散部落爲編戶一事有關，實本胡部之遺蹟（參考魏書壹壹叁氏族志，及北史捌拾外戚傳賀訥傳、玖捌高車傳等，茲不詳論。魏書賀訥傳、高車傳皆取之北史），不僅普通豪族之兼併已也。李沖請改宗主督護制爲三長制，亦用夏變夷之政策，爲北魏漢化歷程之一重要階段，其事發於李沖，豈偶然哉！又史言沖以過於篤厚親舊見譏，如北史壹陸廣陽王建附深〔淵〕傳所言：

深〔淵〕上書曰：「及太和在歷，僕射李沖當官任事，涼州土人悉免厮役，豐沛舊門仍防邊戍。」

當即指上引劉昞傳中李沖請褒顯劉昞子孫之類而言，但太和以後正光之時，崔光復請免昞孫碎役。夫光爲由南入北之漢族世家，與涼州人士絕無關涉，太和之後李沖久死，光之請免役，自由於愛慕河西漢族文化所致，而元淵之所謂豐沛舊門即指六鎮鮮卑及胡化漢人，豈可與之並論乎？又李韶者，寶之嫡孫，沖之猶子也。孝文帝用夏變夷改革車服羽儀諸制度，悉令韶典之，則韶亦能傳其河西家世之學無疑。又遷都洛陽乃北魏漢化政策中一大關鍵，當日鮮卑舊人均表反對，韶既顯贊其謀，沖又卒成其事，遷洛之役，李氏父子始終參預，然則竟謂北魏遷洛與河西文化有關，亦無不可也，其詳當於後論都城建築節中述之。常爽出自涼州世族，而爲北魏初大師，代京學業之興，實由其力，其見重於崔浩、高允諸人，固其宜矣。常景爲太和以後禮樂典章之宗主，河西文化於北朝影響之深鉅，此亦一例證也。源氏雖出河西戎類，然其家世深染漢化，源懷之參議律令尤可注意，觀高阿那肱之斥源師爲漢兒一事，可證北朝胡漢之分，不在種族，而在文化，其事彰彰甚明，實爲論史之關要，故略附著鄙意於此，當詳悉別論之。若胡梅磵所言，尚不足以盡此問題也。至江式請撰古今文字表中所述，其家自西晉以來避亂涼州，文字之學，歷世相傳不墜諸事實，足知當日學術中心在家族而不在學校。涼州一隅，其秩序較中原爲安全，故其所保存者亦較中原爲多。此不獨江氏一族文字之學如是，即前引秦涼學者及杜驥諸傳所載，其家世之學亦無不與江氏相同。由此言之，秦涼諸州西北一隅之地，其文化上續漢、魏、西晉之學風，下開（北）魏、（北）齊、隋、唐之制度，承前啓後，繼絕扶衰，五百年間延綿一脈，然後始知北朝文化系統之中，其由江左發展變遷輸入者之外，尚別有漢、魏、西晉之河西遺傳。但其本身性質及後來影響，昔賢多未措念，寅恪不自揣譾陋，草此短篇，藉以喚起今世學者之注意也。

又北魏之取涼州，士人年老者如劉昞之流，始聽其一子留鄉里侍養，似河西文化當亦隨之而衰歇。但其鄰近地域若關隴之區，既承繼姚秦之文化，復享受北魏長期之治安，其士族家世相傳之學術必未盡淪廢，故西北一隅偏塞之區，值周隋兩朝開創之際，終有蘇氏父子及牛辛諸賢者，以其舊學，出佐興王，卒能再傳而成楊隋一代之制，以傳之有唐，頗與北魏河西學者及南朝舊族俱以其鄉土家世之學術助長北魏之文化，凝鑄混和，而成高齊一代之制度，爲北朝最美備之結果以傳於隋唐者，甚相類也。至其例證，非本章所能盡具，當於論職官、刑律諸章更詳言之。

上文已將隋唐制度三源中之（西）魏、周一源及南朝河西文化之影響約略述之矣。茲於（北）魏、（北）齊一源之中，除去關涉南朝及河西文化者不重複論述外，專就元魏孝文以後，迄於高齊之末，洛陽鄴都文化之影響於隋唐制度者考證之。

夫拓跋部族自道武帝入居中原，逐漸漢化，至孝文帝遷都洛陽後，其漢化之程度雖較前愈深，然孝文之所施爲，實亦不過代表此歷代進行之途徑，益加速加甚而已。在孝文同時，其鮮卑舊族如穆泰等（見魏書貳柒、北史貳拾穆崇傳）其對於漢化政策固不同意，即孝文親子如廢太子恂（見魏書貳貳、北史壹玖廢太子恂傳）亦「謀召牧馬，輕騎奔代」，則鮮卑族對漢化政策反抗力之强大，略可窺見，因以愈知孝文之假辭南侵，遂成遷都之計者（見魏書伍叁李沖傳、北史壹百序傳），誠爲不得已也。故自宣武以後，洛陽之漢化愈深，而腐化乃愈甚，其同時之代北六鎮保守胡化亦愈固，即反抗洛陽之漢化腐化力因隨之而益强，故魏末六鎮之亂，雖有諸原因，如饑饉虐政及府戶待遇不平之類，然間接促成武泰元年四月十三日爾朱榮河陰之大屠殺實胡族對漢化政策有意無意中之一大表示，非僅爾朱榮、費穆等一時之權略所致也（見魏書柒肆、北史肆捌爾朱榮傳及洛陽伽藍記壹永寧寺像）。其後高歡得六鎮流民之大部，賀拔岳、宇文泰得其少數（見北齊書壹神武紀、北史陸齊本紀、隋書貳肆食貨志等），東西兩國俱以六鎮流民創業，初自表面觀察，可謂魏孝文遷都洛陽以後之漢化政策遭一大打擊，而逆轉爲胡化，誠北朝政治社會之一大變也。

雖然，高歡本身，生於六鎮，極度胡化，其渤海世系即使依託，亦因以與當日代表漢化之山東士族如渤海之高氏、封氏及清河博陵之崔氏等不得不發生關係（見北齊書貳壹高乾、封隆之傳，北史叁壹高允傳、貳肆封懿傳；北齊書貳叁崔㥄傳，北史貳肆崔逞傳；北齊書叁拾崔暹傳，北史叁貳崔挺傳；北齊書叁玖崔季舒傳，北史叁貳崔廷傳；北齊書叁拾高德政傳，北史叁壹高允傳等）。其子澄尤爲漢化，據北齊書叁文襄紀（北史陸齊本紀同）云：

　　元象元年攝吏部尚書。魏自崔亮以後選人常以年勞爲制，文襄乃釐改前式，銓擢唯在得人，又沙汰尚書郎，妙選人地以充之。至於才名之士咸被薦擢，假有未居顯位者，皆致之門下，以爲賓客，每山園游燕，必見招攜，執射賦詩，各盡其所長，以爲娛適。

夫當時所謂「妙選人地」，即「選用漢化士族」之意義，故高氏父子既執魏政，楊（愔）、王（昕及晞）既因才幹柄用，而邢（邵）、魏（收）亦以文采收錄（見北齊書叁肆楊愔傳，北史肆壹楊播傳；北齊書叁壹王昕傳，北史貳肆王憲傳；北齊書叁陸邢邵傳，北史肆叁邢巒傳；北齊書叁柒魏收傳，北史伍陸魏收傳）。洛陽文物人才雖經契胡之殘毀，其遺燼再由高氏父子之收掇，更得以恢復熾盛於鄴都。魏孝文以來，文化之正統仍在山東，遙與江左南朝並爲衣冠禮樂之所萃，故宇文泰所不得不深相畏忌，而與蘇綽之徒別以關隴爲文化本位，虛飾周官舊文以適鮮卑野俗，非驢非馬，藉用欺籠一時之人心，所以至其子（武帝）併齊之後，成陵之鬼餒，而開國制度已漸爲仇讎敵國之所染化（見下章論職官、刑律、兵制諸書）。然則當日山東鄴都文化勢力之廣大可以推知也。

隋書貳高祖紀上仁壽二年十月己丑詔書所命修撰五禮之薛道衡、王劭及與制禮有關之人如裴矩、劉焯、劉炫、李百藥等，其本身或家世皆出自北齊，以廣義言，俱可謂之齊人也。茲節引史傳證之如下：

隋書伍柒薛道衡傳（北史叁陸薛辯傳同）略云：

薛道衡，河東汾陰人也。（齊後主）武平初詔與諸儒修定五禮，除尚書左外兵郎。待詔文林館，與范陽盧思道、安平李德林齊名友善。復以本官直中書省，尋拜中書侍郎。後主之時漸見親用，頗有附會之譏，後與斛律孝卿參預政事。及齊亡，周武引爲御史二命士，後歸鄉里。高祖作相，從元帥梁睿擊王謙，攝陵州刺史。高祖受禪，坐事除名。河間王弘北征突厥，召典軍書，還除內史舍人。除吏部侍郎，坐黨蘇威除名，配防嶺表。尋有詔徵還，直內史省，後數歲授內史侍郎。

寅恪案：道衡家世本出北齊，其本身於北齊又修定五禮，參預政事，及齊亡歷周入隋，復久當樞要，隋文命其修定隋禮，自爲適宜，而道衡依其舊習，効力新朝，史言隋禮之修「悉用東齊儀注以爲準」，自所當然也。

隋書陸玖王劭傳（北史叁伍王慧龍傳同）略云：

王劭，太原晉陽人也。父松年齊通直散騎侍郎。齊尚書僕射魏收辟（劭）參開府軍事，累遷太子舍人，待詔文林館，後遷中書舍人。齊滅入周，不得調，高祖受禪，授著作佐郎。

北史叁捌裴佗附矩傳（隋書陸柒裴矩傳略同）略云：

裴佗字元化，河東聞喜人也。六世祖詵仕晉，位太常卿，因晉亂，避地涼州，苻堅平河西，東歸，因居解縣，世以文學顯〔寅恪案：此亦河西文化世家也〕。（孫）矩仕齊爲高平王文學，齊亡不得調。隋文帝爲定州總管，補記室，甚親近之，以母憂去職。及帝作相，遣使馳召之，參相府記室事。受禪，遷給事郎，奏舍人事，除戶部侍郎，遷內史侍郎。上以啓人可汗初附，令矩撫慰之，還爲尚書左丞。其年〔仁壽二年〕文獻皇后崩，太常舊無儀注，矩與牛弘、李百藥〔隋書裴矩傳不載李百藥名〕等據齊禮參定〔此條大部前已徵引，並附論證，見上文〕。

隋書柒伍儒林傳劉焯傳（北史捌貳儒林傳下劉焯傳同）略云：

劉焯，信都昌亭人也。父洽郡功曹。少與河間劉炫結盟爲友，以儒學知名，爲州博士，舉秀才，射策甲科，與著作郎王劭同修國史，兼參議律曆。劉炫聰明博學，名亞於焯，故時人稱二劉焉。天下名儒後進質疑受業，不遠千里而至者，不可勝數。論者以爲數百年已來博學通儒無能出其右者，焯又與諸儒修定禮律。

同書同卷劉炫傳（北史捌貳儒林傳劉炫傳同）略云：

劉炫，河間景城人也。少以聰敏見稱，與信都劉焯閉戶讀書，十年不出。周武帝平齊，瀛州刺史宇文亢引爲戶曹從事，後奉勅與著作郎王劭同修國史，又與諸術者修天文律曆，又與諸儒修定五禮，授旅騎尉。吏部尙書牛弘建議，以爲禮諸侯絕旁期，大夫降一等，今之上柱國雖不同古諸侯，比大夫可也，官在第二品宜降旁親一等，議者多以爲然。炫駮之曰：「古之仕者宗一人而已，庶子不得進，由是先王重適，其宗子有分祿之義，族人與宗子雖疏遠，猶服縗三月，良由受其恩也。今之仕者位以才升，不限適庶，與古既異，何降之有？」遂寢其事。煬帝即位，牛弘引炫修律令。高祖之世以刀筆吏類多小人，年久長姦，勢使然也，又以風俗陵遲，婦人無節，於是立格，州縣佐吏三年而代之，九品妻無得再醮。炫著論以爲不可，弘竟從之。諸郡置學官及流外給廩皆發於炫。

同書肆貳李德林傳（北史柒貳李德林傳同）略云：

李德林，博陵安平人也。齊主留情文雅，召入文林館，又令與黃門侍郎顏之推同判文林館事。及周武帝克齊，入鄴之日勅小司馬唐道和就宅宣旨慰喻云：「平齊之利，唯在於爾，朕本畏爾，逐齊主東走，今聞猶在，大以慰懷，宜即入相見。」道和引之入內，遣內史宇文昂訪問齊朝風俗政教人物善惡，即留內省，三宿乃歸，仍遣從駕，至長安，授內史上士，自此以後詔誥格式及用山東人物一以委之。開皇元年勅令與太尉任國公于翼、高熲等同修律令，事訖奏聞，別賜九環金帶一腰、駿馬一匹，賞損益之多也。

舊唐書柒貳李百藥傳（新唐書壹百貳李百藥傳同）略云：

李百藥，定州安平人。隋內史令安平公德林子也。開皇初授東宮通事舍人，遷太子舍人，兼東宮學士。或嫉其才而毁之者，乃謝病免去，十九年追赴仁壽宮令襲父爵。左僕射楊素、吏部尚書牛弘雅愛其才，奏授禮部員外郞。皇太子勇又召爲東宮學士，詔令修五禮，定律令，撰陰陽書。（唐太宗）貞觀元年召拜中書舍人，賜爵安平縣男，受詔修定五禮及律令，撰齊書。

寅恪案：王劭、劉焯、劉炫皆北齊儒學之士，而二劉尤爲北朝數百年間之大儒。觀炫駁牛弘二品官降旁親服一等之議，則知山東禮學遠勝於關隴也。裴矩用東齊儀注以佐牛弘定獨孤后喪禮，已於前文論之。李德林爲齊代文宗，周武得之，特加獎擢。百藥承其家學，既參定隋文獻皇后喪議，復於唐貞觀世修定五禮，則隋唐禮制與北齊人士有密切關係，於此可見也。

論隋唐制度（北）魏、（北）齊之源既竟，茲略考其梁陳之源，凡隋高祖仁壽二年閏十月己丑詔書所命修定五禮諸臣中如許善心、虞世基，以及其名不見於此詔書中而亦預聞修定禮儀制度之明克讓、裴政、袁朗等，俱屬於梁陳系統者也。以後略依時代先後，節錄史傳之文，證之如下：

隋書伍捌明克讓傳（北史捌叁文苑傳明克讓傳同）略云：

明克讓，平原鬲人也，父山賓梁侍中。克讓博涉書史，所覽將萬卷，三禮禮論尤所研精。釋褐湘東王法曹參軍，仕歷司徒祭酒、尚書都官郎中、散騎侍郎、國子博士、中書侍郎。梁滅，歸於長安，周明帝引爲麟趾殿學士。（隋）高祖受禪，拜太子內舍人。轉率更令，太子以師道處之，恩禮甚厚。於時東宮盛徵天下才學之士，至於博物洽聞，皆出其下。詔與太常牛弘等修禮議樂，當朝典故多所裁正。開皇十四年以疾去官，卒年七十。

寅恪案：梁書貳柒明山賓傳（南史伍柒拾明僧紹附山賓傳同）略云：

山賓年十三博通經傳。梁臺建，爲尚書駕部郎，遷治書侍御史右軍記室參軍，掌治吉禮。時初置五經博士，山賓首膺其選，所著吉禮儀注二百二十四卷、禮儀二十卷、孝經喪禮服儀十五卷。〔參上文所引隋書叁叁經籍志史部儀注類梁吉禮儀注條〕

據此，山賓爲梁代修定儀注之人，以禮學名世；克讓承其父學，據梁朝之故事，修隋室之新儀；牛弘制定五禮，欲取資於蕭梁，而求共事之人，則克讓實其上選無疑也。

隋書捌禮儀志略云：

開皇中，詔太常牛弘、太子庶子裴政，撰宣露布禮。

梁書貳裴邃傳附之禮傳（南史伍捌裴邃傳同）云：

子政承聖中官至給事黃門侍郎，江陵陷，隨例入西魏。

隋書陸陸裴政傳（北史柒柒裴政傳同）略云：

裴政，河東聞喜人也。高祖壽孫從宋武帝家於壽陽，祖邃梁侍中左衞將軍豫州大都督，父之禮廷尉卿。政博聞强記，達於時政，爲當時所稱。江陵陷，與城中朝士俱送於京師，授員外散騎侍郎，引事相府，命與盧辯依周禮建六卿設公卿大夫士，並撰次朝儀車服器用，多遵古禮，革漢魏之法，事並施行。尋授刑部下大夫。政明習故事，參定周律，用法寬平，無有寃濫，又善鐘律。宣帝時以忤旨免職，高祖攝政，召復本官。開皇元年轉率更令，詔與蘇威等修定律令。政採魏晉刑典，下至齊梁，沿革輕取其折衷，同撰著者十有餘人，凡疑滯不通，皆取決於政。

寅恪案：裴政爲南朝將門及刑律世家，其與盧辯之摹倣周禮，爲宇文泰文飾胡制，童牛角馬，貽譏通識，殆由亡國俘囚受命爲此，諒非其所長及本心也。故一入隋代，乃能與蘇威等爲新朝創制律令，上採魏晉，下迄齊梁，是乃眞能用南朝之文化及己身之學業，以佐成北朝完善之制度者，與其在西魏北周時迥不相同，今以其屬於刑律範圍，俟於後刑律章論之。

隋書伍捌許善心傳（北史捌叁文苑傳許善心傳同）略云：

許善心，高陽北新城人也。祖茂，父亨。善心家有舊書萬餘卷，皆徧通涉。貞明二年聘於隋，遇高祖伐陳，禮成而不獲反命，累表請辭，上不許，留縶賓館。及陳亡，高祖勑以本官直門下省。（開皇）十七年除祕書丞。（仁壽）二年加攝太常少卿，與牛弘等議定禮樂。

寅恪案：梁書肆拾許懋傳（南史陸拾許懋傳同）略云：

尤曉故事，稱爲儀注之學。天監初，吏部尙書范雲舉懋參詳五禮。時有請封會稽禪國山者，高祖雅好禮，因集儒學之士草封禪儀，將欲行焉，懋以爲不可，因建議，高祖嘉納之，因推演懋議，稱制旨以答請者，由是遂停。宋齊舊儀郊天祀帝皆用衮冕，至天監七年，懋始請造大裘，至是有事於明堂，儀注猶云服衮冕。懋駁云：「禮云：大裘而冕，祀昊天上帝亦如之，良由天神尊遠，須貴誠質，今泛祭五帝，理不容文。」改服大裘，自此始也。又降勑問：「凡求陰陽，應各從其類，今雩祭燔柴以火祈水，意以爲疑。」懋答曰：「雩祭燔柴經無其文，良由先儒不思故也，請停用柴，其牲牢等物悉從坎瘞，以符周宣雲漢之說。」詔並從之。凡諸禮儀多所刊正。

據此，許懋尤曉故事，以儀注之學著名梁時，又參詳五禮，凡諸禮儀多刊正，則善心之預修隋禮，其梁陳故事，足供采擇者，乃其家世顯門之業也。

隋書陸柒虞世基傳（北史捌叁文苑傳虞世基傳同）略云：

虞世基，會稽餘姚人也。父荔，陳太子中庶子。世基博學有高才，兼善草隸。陳中書令孔奐見而嘆曰：「南金之貴屬在斯人。」少傅徐陵一見而奇之，顧謂朝士曰：「當今潘陸也。」因以弟女妻焉。仕陳釋褐建安王法曹參軍，遷中庶子散騎常侍尚書左丞。及陳滅歸國，爲通直郎，直內史省，未幾拜內史舍人。

舊唐書壹玖拾上文苑傳袁朗傳（新唐書貳百壹文藝傳上袁朗傳同）略云：

袁朗，陳尚書左僕射樞之子。其先自陳郡仕江左，世爲冠族，陳亡，徙關中。朗勤學好屬文，在陳釋褐祕書郎，甚爲尚書令江總所重。嘗制千字詩，當時以爲盛作。陳後主聞而召入禁中，使爲月賦，朗染翰立成。後主曰：「觀此賦，謝希逸不能獨美於前矣。」又使爲芝草、嘉蓮二頌，深見優賞，遷祕書丞。陳亡，仕隋爲尚書儀曹郎。

寅恪案：明克讓、裴政俱以江陵俘虜入西魏，許善心以陳末聘使値國滅而不歸，其身世與庾信相似，虞世基、袁朗在陳時即有才名，因見收擢，皆爲南朝之名士，而家世以學業顯於梁陳之時者也。隋修五禮，欲采梁陳以後江東發展之新跡，則茲數子者，亦猶北魏孝文帝之王肅、劉芳，然則史所謂隋「采梁儀注以爲五禮」者，必經由此諸人所輸入，無疑也。（袁朗參預制定衣冠事見隋書壹貳禮儀志大業元年詔，兩唐書朗本傳未載。）

今已略據史傳，以考隋制五禮之三源，請更舉隋書禮儀志之文，以爲例證。主旨在闡明隋文帝雖受周禪，其禮制多不上襲北周，而轉仿北齊或更採江左蕭梁之舊典，與其政權之授受，王業之繼承，迥然別爲一事，而與後來李唐之繼楊隋者不同。此本極顯著之常識，但近世之論史者，仍頗有誤會，故不憚繁瑣，重爲申證，惟前文已徵引者，則從略焉。

隋書陸禮儀志略云：

後周憲章姬周，祭祀之式多依儀禮。（隋）高祖受命，欲新制度，乃命國子祭酒辛彥之議定祀典。

寅恪案：此隋祀典不襲北周之例證也。

又同書同卷略云：

明堂在國之陽，梁初依宋齊，其祀之法，猶依齊制，禮有不通者，武帝更與學者議之。

寅恪案：此梁更易齊制，乃南朝後期與其前期演變不同之例證。隋制五禮既用代表南朝前期之

（北）魏、（北）齊制，又不得不採代表南朝後期之梁制，以臻完備也。

又同書柒禮儀志略云：

隋初因周制，定令亦以孟冬下亥蜡百神，臘宗廟，祭社稷，其方不熟，則闕其方之蜡焉。開皇四年十一月詔曰：「古稱臘者接也，取新故交接。前周歲首今之仲冬，建冬之月稱蜡可也。後周用夏后之時，行姬氏之蜡，考諸先代，其義有違，其十月行蜡者停，可以十二月爲臘。」於是始革前制。

寅恪案：此隋祀典不襲北周制之例證也。

又同書捌禮儀志略云：

後魏每攻戰剋捷，欲天下聞知，迺書帛建於竿上，名爲露布，其後相因施行。開皇中迺詔太常卿牛弘、太子庶子裴政撰宣露布禮。及九年平陳，元帥晉王以驛上露布，兵部奏請依新禮宣行。

寅恪案：此爲隋代修禮，承襲北魏遺產，而更與南朝專家考定之一例證。裴政本江陵陷後朝士被俘之一人，而以律學顯名者也。詳上文所引史傳，茲不備述。

又同書拾禮儀志略云：

輿輦之別，蓋先王之所以列等威也。然隨時而變，代有不同。梁初尙遵其制，其後武帝既議定禮儀，乃漸有變革。

陳承梁末，王琳縱火，延燒車府。至天嘉元年，勅守都官尚書寶安侯到仲舉議造玉、金、象、革、木等五輅及五色副車。此後漸修，具依梁制。

寅恪案：此南朝後期文物發展變遷，梁創其制而陳因之之例證也。

又同書同卷略云：

後魏天興初詔議曹郎董謐撰朝饗儀，始制軒冕，未知古式，多違舊章。孝文帝時，儀曹令李韶更奏詳定，討論經籍，議改正之，唯備五輅，各依方色，猶未能具。至熙平九年，明帝又詔侍中崔光與安豐王延明、博士崔瓚採其議，大造車服。自斯以後，條章粗備，北齊咸取用焉。其後因而著令，並無增損。

寅恪案：李韶、崔光傳文前已徵引，韶之家世代表河西文化，光之家世代表南朝前期文化，據此可知魏初之制多違舊章，得河西南朝前期之文化代表人物，始能制定一代新禮，足資後來師法。故北齊咸取用焉，其後因而著令，並無增損，是北齊文物即河西及南朝前期之遺產，得此爲證，其事益明顯矣。

又同書同卷略云：

及（周）平齊，得其輿輅，藏於中府，盡不施用，至大象初，遣鄭譯閱視武庫，得魏舊物，取尤異者，並加雕飾，分給六宮，合十餘乘，皆魏天興中之所制也。周宣帝至是咸復御之。開皇元年，內史令李德林奏：「周魏輿輦乖制，請皆廢毀。」高祖從之，唯留魏太和李韶所制五輅，齊天保所遵用者，又留魏（肅宗）熙平中太常卿穆紹議皇后之輅。

寅恪案：周襲魏天興舊制，雖加雕飾，仍不合華夏文化正式系統也。李德林本北齊舊臣，當時禮制典章，尤所諳練（見前文所引），故請毀廢而用魏太和熙平齊天保之制度，而此制度即魏孝文及其後嗣所採用南朝前期之文物，經北齊遂成爲一系統結集者。此隋在文物上不繼周而因齊之例證也。

又同書同卷略云：

象輅已下旒及就數各依爵品，雖依禮製名，未及創造，開皇三年閏十二月並詔停造，而盡用舊物。至九年平陳，又得輿輦，舊著令者，以付有司，所不載者，並皆毀棄，雖從儉省，而於禮多闕。十四年，詔又以見所乘車輅因循近代，事非經典，於是命有司詳考故實，改造五輅及副。

大業元年，更製車輦，五輅之外設副車，詔尚書令楚公楊素、吏部尚書奇章公牛弘、工部尚書安平公宇文愷、內史侍郎虞世基、禮部侍郎許善心、太府少卿何稠、朝請郎閻毗等詳議奏決，於是審擇前朝故事，定其取舍云。

寅恪案：輿輦之制，隋文帝受禪不襲周而因齊，即因襲南朝前期之文物，經過魏太和、齊天保之結集者，而制度尚有所未備者，則南朝後期梁陳之文物未能採用故也。開皇九年平陳，初持保守主義，其乘用以限於舊令所著，是以於禮多闕，蓋欲求備禮，非更以南朝後期即梁陳二代之發展者增補之不可，此開皇十四年所以有更議之詔也。又大業元年所命議制車輦諸臣，其中大部分前已論及，而虞世基、許善心則南朝後期文物即梁陳文化之代表者，可爲鄙說之例證也。至宇文愷、何稠、閻毗三人，俱特以工巧知名，其參與此役，蓋由於此，將於下文附論都城建築節中考證之，茲姑不涉及，以免枝蔓淆混焉。

又同書同卷略云：

屬車秦爲八十一乘，漢遵不改，法駕三十六乘，小駕十二乘，開皇中大駕十二乘，法駕減半。大業初屬車備八十一乘，三年二月帝嫌其多，問起部郎閻毗。毗曰：「臣共宇文愷參詳故實，此起於秦，遂爲後式，又據宋孝建時有司奏議，晉遷江左，唯設五乘。尚書令建平王宏曰：『八十一乘無所準憑，江左五乘儉不中禮，宜設十二乘。』開皇平陳，因以爲法令，憲章往古，大駕依秦，法駕依漢，小駕依宋。」帝曰：「大駕宜用三十六，法駕十二，小駕除之可也。」

皇后屬車三十六乘。初宇文愷、閻毗奏定請減乘輿之半。禮部侍郎許善心奏駁曰：「宋孝建時議定輿輦，天子屬車十有二乘，至大明元年九月有司奏皇后副車未有定式，詔下禮官議正其數，博士王燮之議謂十二乘通關爲允，宋帝從之，遂爲後式，今請依乘輿，不須差降。」制曰：「可。」

寅恪案：屬車之數，晉遷江左爲五乘，宋改十二乘，開皇平陳，因以爲法令，雖曰依宋，實因平陳之故得以效法。至許善心駁皇后屬車之數不應差降，請從宋制爲準，則南朝舊臣以其所習爲隋代制度之準憑，於此可見。此隋文制禮兼採南朝文物之例證也。

又同書壹壹禮儀志略云：

自晉遷江左，中原禮儀多缺。後魏天興六年，詔有司始制冠冕，各依品秩，以示等差，然未能皆得舊制。至太和中方考故實，正定前謬，更造衣冠，尚不能周洽。及至熙平二年太傅清河王懌、黃門侍郎韋廷祥等奏定五時朝服，準漢故事，五郊衣幘，各如方色焉。及後齊因之，河清中改易舊物，著令定制云。

後周設司服之官，掌皇帝十二服。（又）諸公侯伯子男三公三孤公卿上中下夫人士之服。（又）皇后衣十二等。

（周）宣帝即位，受朝於路門，初服通天冠絳紗袍，羣臣皆服漢魏衣冠。

寅恪案：周宣帝即位當時已服漢魏衣冠。所謂漢魏衣冠，即自北魏太和迄北齊河清時期北朝所輸入之晉南遷以後江左之文物也。周滅齊不久，即已采用齊之制度，然則隋之采用齊制，不過隨順當日之趨勢，更加以普遍化而已。此點當於後論府兵制時詳之，茲即就禮制言，亦最顯之例證也。

又通鑑壹柒叁陳紀，太建十一年春正月癸巳周主受朝於露門，始與羣臣服漢魏衣冠條，胡注云：

以此知後周之君臣，前此皆胡服也。

寅恪案：前此後周之君臣平時常服或雜胡制，而元旦朝賀，即服用摹擬禮經古制之衣冠，隋書壹壹禮儀志文，後周設司服之官下所列君臣衣冠諸制是也。此種摹仿古制之衣冠，當然於正式典禮如元旦朝賀時服用之。史載宣帝君臣服用漢魏衣冠者，乃不依後周先例服用摹仿禮經古制之衣冠，而改用東齊所承襲南朝北魏制度之意。舊史論官制時往往以周官與漢魏對文亦此意也。若依胡氏之說，豈後周既仿古制定衣冠，而不於正式典禮時用之，更將於何時用之乎？梅磵本通人，於此尚偶有未照，然則此書之分析系統，追溯淵源，其語似甚繁，其事似甚瑣，而終不能不爲之者，蓋有所不得已也。

又隋書壹貳禮儀志略云：

（隋）高祖初即位，將改周制，乃下詔曰：「祭祀之服須合禮經，宜集通儒，更可詳議！」太子庶子攝太常少卿裴正〔寅恪案：正疑當作政，但隋書、北史裴政傳俱言政，轉左庶子，而未載其攝太常少卿，俟考〕奏曰：「竊見後周制冕，加爲十二，既與前禮數乃不同，而色應五行，又非典故，且後魏以來制度咸闕，天興之歲草創繕修，所造車服多參胡制，故魏收論之，稱爲違古是也。周氏因襲，將爲故事，大象承統，咸取用之，輿輦衣冠甚多迂怪。今皇隋革命，憲章前代，其魏周輦輅不合制者，已勑有司盡令廢除。然衣冠禮器尚且兼行，乃有立夏衮衣以赤爲質，迎秋平冕用白成形，既越典章，須革其謬。謹案續漢書禮儀志云，立春之日京都皆著青衣，秋夏悉如其色。逮於魏晉迎氣五郊，行禮之人皆同北制，考尋故事，唯幘從衣色。今請冠及冕色並用玄，唯應著幘者任依漢晉。」制曰：「可！」於是定令採用東齊之法。

寅恪案：此隋制禮服不襲周而因齊之例證也。齊又襲魏太和以來所採用南朝前期之制，而江左之制源出自晉，上溯於漢，故曰漢晉。其引續漢書禮儀志以爲依據，尤其明徵也。至其目北周車服爲迂怪，乃以古禮文飾胡俗所必致，大抵宇文泰之制作皆可以迂怪目之，豈僅車服而已，後之論史者往往稱美宇文氏之制度，若聞裴氏之言，當知其誤矣。

又同書同卷略云：

（隋）高祖元正朝會方御通天服，郊丘宗廟盡用龍衮衣，大裘毳𧜟皆未能備。至平陳，得其器物，衣冠法服始依禮具，然皆藏御府，弗服用焉。及大業元年，煬帝始詔吏部尚書牛弘、工部尚書宇文愷、兼內史侍郎虞世基、給事郎許善心、儀曹郎袁朗等憲章古制，創造衣冠，自天子逮於胥皁，服章皆有等差，若先所有者，則因循取用。弘等議定乘輿服合八等焉。

寅恪案：史言隋高祖平陳，得其器物，衣冠法物，始依禮具，然則南朝後期文物之發展與隋代制度之關係密切如此。故梁陳舊人若虞世基、許善心、袁朗等尤爲制定衣冠不可少之人，此隋制禮兼資梁陳之例證也。

又同書同卷略云：

通天冠之制，晉起居注成帝咸和五年制詔殿內曰，平天通天冠並不能佳，可更修理之。雖在禮無文，故知天子所冠其來久矣。

寅恪案：雖在禮無文，而爲東晉南朝所習用者，即爲典據，蓋與北周制法服之泥執周官者不同。此隋制禮遥據江東習俗爲典據，而不泥經典舊文以承北周制度之例證也。

又同書同卷略云：

始後周采用周禮，皇太子朝賀皆衮冕九章服。開皇初自非助祭皆冠遠遊冠。至此，牛弘奏云：「皇太子冬正大朝請服衮冕。」帝問給事郎許善心曰：「太子朝謁著遠遊冠，有何典故？」對曰：「晉令皇太子給五時朝服遠遊冠。至宋泰始六年更議儀注，儀曹郎丘仲起議：『案周禮公自衮冕已下至卿大夫之玄冕皆其朝聘之服也。謂宜式遵盛典，服衮朝賀。』兼左丞陸澄議：『服冕以朝，實著經典，自秦除六冕之制，後漢始備，魏晉以來非祀宗廟不欲令臣下服於衮冕，故太子入朝因亦不著。宜遵前王之令典，革近代之陋制，皇太子朝請服冕。』自宋以下始定此儀，至梁簡文之爲太子，嫌於上逼，還冠遠遊，下及於陳，皆依此法，後周之時亦言服衮入朝，至於開皇，復遵魏晉故事。臣謂皇太子著遠遊謙不逼尊，於禮爲允。」帝曰：「善！」竟用開皇舊式。

寅恪案：此節可取作例以爲證明者，即隋代制禮實兼採梁陳之制，雖北周之制合於經典，牛弘亦所同意，然煬帝從許善心之言，依魏晉故事，不改開皇舊式。蓋不欲泥經典舊文，而以江東後期較近之故事爲典據，可知北齊間接承襲南朝前期之文物尚有所不足，不得不用梁陳舊人以佐參定也。

又同書同卷略云：

梁武受禪於齊，侍衛多循其制，陳氏承梁，亦無改革。齊文宣受禪之後，警衛多循後魏之儀，及河清定令，宮衛之制云云。〔從略〕後周警衛之制置左右宮伯，掌侍衛之禁，各更直於內。（隋）高祖受命，因周齊宮衛微有變革。

寅恪案：宮衛之制關涉兵制，當於後兵制章詳之，兹姑置不論。但史述隋宮衛之制謂因於周齊而微有變革，絕與南朝梁陳無涉，此爲論隋唐兵制之要見，亦隋兼襲齊制之例證也。隋修五禮，其所據之三源已略考證之矣。李唐承隋禮制，亦因其舊，此學者所共知，無待詳考，今惟略引一二舊文，以備佐證云爾。唐會要叁柒五禮篇目門（舊唐書貳壹禮儀志略同）云：

武德初，朝廷草創，未遑制作，郊祀享宴，悉用隋代舊制。至貞觀初，詔中書令房玄齡、祕書監魏徵、禮官學士備考舊禮，著吉禮六十一篇、賓禮四篇、軍禮二十篇、嘉禮四十二篇、凶禮六篇、國恤禮五篇，總一百三十八篇，分爲一百卷。初玄齡與禮官建議，以爲月令蜡法唯祭天宗，謂日月以下，近代蜡，五天帝、五人帝、五地祇皆非古典，今並除之。神州者國之所託，餘八州則義不相及，近代通祭九州，今唯祭皇地祇及神州，以正祀典。又皇太子入學及太常行山陵、天子大射合朔、陳五兵於太社、農隙講武、納皇后行六禮、四孟月讀時令、天子上陵朝廟、養老於辟雍之禮，皆周隋所闕，凡增二十九條，餘並依古禮。七年正月二十四日獻之，詔行用焉。

新唐書壹壹禮樂志云：

唐初即用隋禮，至太宗時中書令房玄齡、祕書監魏徵與禮官學士等，因隋之禮，增以天子上陵朝廟、養老、大射講武、讀時令、納皇后、太子入學、太常行陵、合朔、陳兵太社等爲吉禮六十一篇，賓禮四篇，軍禮二十篇，嘉禮四十二篇，凶禮十一篇，是爲貞觀禮。高宗又詔太尉長孫無忌等增之爲一百三十卷，是爲顯慶禮。玄宗開元十四年，通事舍人王嵒上疏請刪去禮記舊文，而益以今事，詔付集賢院議。學士張說以爲唐貞觀、顯慶禮儀注前後不同，宜加折衷，以爲唐禮。乃詔集賢院學士右散騎常侍徐堅、左拾遺李銳及太常博士施敬本撰述，歷年未就，而銳卒，蕭嵩代銳爲學士，奏起居舍人王仲丘撰定一百五十卷，是爲大唐開元禮。由是五禮之文始備，而後世用之，雖時小有損益，不能過也。

寅恪案：唐會要及舊唐書之所謂古禮，參以新唐書之文，足知即爲隋禮。然則唐高祖時固全襲隋禮，太宗時制定之貞觀禮，即據隋禮略有增省，其後高宗時制定之顯慶禮，亦不能脫此範圍，玄宗時制定之開元禮，乃折中貞觀、顯慶二禮者，故亦仍間接襲用隋禮也。既「後世用之不能大過」，是唐禮不亡即隋禮猶存，其所從出之三源者，亦俱託唐禮而長存也。然則治李唐一代之文物制度者，於上所列舉之三源，究其所出，窮其所變，而後其嬗蛻演化之跡象，始有系統可尋矣。

附：都城建築

唐之宮城承隋之舊，猶清之宮城承明之舊，但其事至明顯，無取多述，但舉一證，如舊唐書叁捌地理志關內道所云：

京師，秦之咸陽，漢之長安也。隋開皇二年，自漢長安故城東南移二十里，置新都，今京師是也。

即已足矣，然隋創建新都大興城，其宮市之位置與前此之長安不同，世有追究其所以殊異之原因，而推及隋代營造新都者家世之所出，遂以爲由於北魏胡族系之實行性者（見桑原隲藏還歷紀念東洋史論叢那波利貞氏從支那首都計畫史上考察唐之長安城）。寅恪則謂隋創新都，其市朝之位置所以與前此之長安殊異者，實受北魏孝文營建之洛陽都城及東魏、北齊之鄴都南城之影響，此乃隋代大部分典章制度承襲北魏太和文化之一端，與其以北魏胡族系之實行性一點爲解釋，無寧就楊隋一代全部典章制度立論較易可通，或竟以太和洛都新制歸功於河西系漢族之實行性，似尚可備一說，以資參考也　又隋代新都其市朝位置之異於前者，雖非由於北魏胡族系之實行性，然隋代之技術人才則頗與西胡種族有關，此固別爲一事，以其與前所論中古時代漢族之家學一點相類，亦不可置而不論，故茲先論隋唐兩朝制度與北魏太和文化之關係，後附述隋代技術人才之家世，所以補上文論隋大業元年制定車輦條之所未備言者也。

周官考工記匠人云：

面朝背市

其解釋雖謂宮在正中，朝在其南，而市在其北。然僅從宮與市位置言，即是宮位於市之南，或市位於宮之北也。考工記之作成時代頗晚，要乃爲儒家依據其所得之材料，而加以理想化之書，則無可疑，故其所依據匠人營國之材料其中必有爲當時眞正之背景者。據古今學人論漢初南北軍制之言（詳見前中央研究院社會科學研究所兵制研究專號上賀昌羣先生南北軍論文中所徵引），推知西漢首都之長安「司馬門在未央宮之南，直抵長安城垣，並無坊市，而未央宮長樂宮則六街三市」，是與隋唐首都之大興長安城其宮位於首都之北部，市則位於南部者適爲相反。然則西漢首都宮市之位置與考工記匠人之文可謂符合，豈與是書作成之時代有關耶？至唐代則守衛宮城北門之禁軍，以其駐屯地關係之故，在政變之際，其向背最足爲重輕，此李唐一代中央政治革命之成敗所以往往繫於玄武門衛軍之手者也。（此點本甚明顯，一檢史文便可證知，惟唐武德九年六月四日玄武門之變，太宗所以能制勝建成元吉者，其關鍵實在守玄武門之禁軍，而舊史記載殊多隱諱，今得巴黎圖書館藏敦煌寫本伯希和號貳陸肆拾李義府撰常何墓志銘以供參證，於當日成敗所以然之故益瞭然可知矣。）

又若依寅恪前所持文化淵源之說，則太和洛陽新都之制度必與江左、河西及平城故都皆有關無疑，南齊書伍柒魏虜傳略云：

平城南有干水，出定襄堺，流入海，去城五十里，世號爲索干都，土氣寒凝，風砂恆起，六月雨雪。議遷都洛京，（永明）九年遣使李道固、蔣少游報使。少游有機巧，密令觀京師宮殿楷式。淸河崔元祖啓世祖曰：「少游臣之外甥，特有公輸之思，宋世陷虜，處以大匠之官，今爲副使，必欲模範宮闕，豈可令氈鄉之鄙取象天宮，臣謂且留少游，令主使反命。」世祖以非和通意，不許。少游，樂安人，虜宮室制度皆從此出。

寅恪案：建康臺城雖頗近城北，然其宮城對於其地山川形勢與北魏洛都有異，故洛都全體計畫，是否眞與建康有關，殊難論斷。但魏書北史蔣少游傳（見前引）言：「後於平城將營太廟太極殿，遣少游乘傳詣洛，量準魏晉基址。後爲散騎侍郎，副李彪使江南」，故魏孝文之遣少游使江左，自有摹擬建康宮闕之意。崔元祖之言不爲虛發，但恐少游所摹擬或比較者，僅限於宮殿本身，如其量準洛陽魏晉廟殿之例，而非都城全部之計畫。史言「虜宮室制度皆從此出」，則言過其實，蓋北魏洛陽新都之全體計畫中尙有平城、河西二因子，且其規畫大計亦非少游主之。然則不得依南齊書魏虜傳之文，遽推斷北魏洛都新制悉仿江左之建康明矣。

至平城舊都規制必有影響於洛陽新都，自無疑義，但當日平城宮城規制頗不易考知，南齊書伍柒魏虜傳略云：

什翼珪始都平城，猶逐水草，無城郭，木末始土著。佛狸破梁〔涼？〕州〔指北涼沮渠氏〕，黃龍〔指北燕馮氏〕徙其居民，大築郭邑，截平城西爲宮城，其郭城繞宮城南，悉築爲坊，坊開巷，坊大者容四五百家，小者容六七十家。

寅恪案：魏徙涼州之人民於平城，建築彫刻藝術受其影響，如雲崗石窟即其例證，故魏平涼州後，平城之新建築如郭城繞宮城南，悉築爲坊一點，與後之東魏鄴都南城之制頗有近似之處，蓋皆就已或之現實增修，以摹擬他處名都之制者（平城新制擬涼州都會，而鄴都南城不得不擬洛陽新都）。如是遷就，其詳容後證述，總之史料既太略，魏平城新制所受河西文化之程度如何，則不宜輒加論斷也。

但依較詳之史料考察，關於北魏洛都新制所受河西文化之影響，可得而言者，則有主建洛陽新都之人即李沖之家世一端。其人與河西關係密切，不待詳述，故引史文以資論證，並據簡略史料推測涼州都會姑臧宮城之規制。若所推測者不誤，則是平城規制之直接影響於洛陽新都者亦即河西文化之間接作用也。魏書柒下高祖紀（北史叁魏本紀同）云：

太和十七年冬十月，徵司空穆亮與尚書李沖、將作大匠董爵經始洛京。

寅恪案：北魏孝文帝遷都洛陽，其營建之任委之穆亮、李沖及董爵（通鑑壹叁玖齊紀永明十一年作董爾）三人。此三人中穆亮仍代北舊人具有勛貴之資望，且職爲司空，營國之事本冬官所掌，故以之領護此役；董爵則官將作大匠，建築是其職務，故不得不使之參預其事；其實洛陽新都之規制悉出自李沖一人。魏書李沖傳所謂：

沖機敏有巧思，洛陽初基，安處郊兆，新起堂寢，皆資於沖。〔前文已引〕

者，是其明證也。北魏太和洛陽營建規制今日尚可於楊衒之洛陽伽藍記一書約略得知，而其顯異於前北國都皇居在南市場在北之特點，亦可於吳若準洛陽伽藍記集證、唐晏洛陽伽藍記鈎沈所附圖見之，不待詳證也。然則北魏洛都新制所以異於經典傳統面朝背市之成規者，似不得不於河西系漢族李沖本身求之，而涼州都會之規模，及其家世舊聞之薰習，疑與此洛都新制不無關涉。茲設此假想，分別證述之如下：

魏書李沖傳云：

葬於覆舟山，近杜預冢，高祖意也。〔前文已引〕

蓋晉之杜預以儒者而有巧思，其所創製頗多，見晉書叄肆杜預傳，茲不具述，惟其中請建河橋於富平津一事尤與西晉首都洛陽之交通繁盛有關，甚爲晉武帝贊賞。魏孝文之令李沖葬近杜預冢非僅有取於預遺令儉約之旨，亦實以沖之巧思有類乎預，故以此二人相比方也。洛陽伽藍記叄其叙城南略云：

宣陽門外四里至洛水，上作浮橋，所謂永橋也。永橋以南圜丘以北伊洛之間夾御道有四夷館：西夷來附者處崦嵫館，賜宅慕義里。自葱嶺以西至於大秦，百國千城莫不款附，商胡販客日奔塞下，所謂盡天地之區矣。樂中國土風因而宅者，不可勝數，是以附化之民萬有餘家，門號曰：「巷修整，閭闔塡列，青槐蔭陌，綠柳垂庭，天下難得之貨，咸悉在焉。別立市於洛水南，號曰四通市，民間謂永橋市，伊洛之魚多於此賣，士庶須膾皆詣取之，魚味甚美，京師語曰：

「伊洛鯉魴，貴於牛羊。」

據此，北魏洛陽城伊洛水旁乃市場繁盛之區，其所以置市於城南者，殆由伊洛水道運輸於當日之經濟政策及營造便利有關，此非全出假想也，請更證之以魏書柒玖成淹傳（北史肆陸成淹傳同），其傳文略云：

成淹，上谷居庸人也，自言晉侍中粲之六世孫。祖昇家於北海，父洪名犯顯祖廟諱，仕劉義隆爲撫軍府中兵參軍。劉彧以爲員外郎，假龍驤將軍領軍主，令援東陽歷城，皇興中降慕容白曜，赴闕授著作郎。太和中文明太后崩，蕭賾遣裴昭明、謝竣等來弔，欲以朝服行事，執志不移，高祖勅尚書李沖令選一學識者更與論執，沖奏遣淹。既而高祖遣李沖問淹昭明所言，淹以狀對，高祖詔沖曰：「我所用得人。」賜淹果食。高祖幸徐州，勅淹與閭龍駒等主舟檝，將汎泗入河，泝流還洛，軍次碻磝，淹以黃河峻急，慮有傾危，乃上疏陳諫，高祖勅淹曰：「朕以恆代無運漕之路，故京邑民貧，今移都伊洛，欲通運四方，而黃河峻急，人皆難涉，我因有此行，必須乘流，所以開百姓之心，知卿至誠，而今者不得相納。」勅賜驊騮馬一匹、衣冠一襲。於時宮殿初構，經始務廣，兵民運材日有萬計，伊洛流澌，苦於厲涉，淹遂啓求勅都水造浮航，高祖賞納之。意欲榮淹於衆，朔旦受朝，百官在位，乃賜帛百疋，知左右二都水事。

據此，得知魏孝文遷洛原因，除漢化及南侵二大計畫外，經濟政策亦爲其一。夫遷都既有經濟原因，則建置新都之宮闕市場，更不能不就經濟觀點加以考慮。洛陽之地，本西晉首都舊址，加以擴充，則城南伊洛二川之傍水道運輸頗爲便利，設置市場，乃最適宜之地。又成淹以南朝降人而受孝文帝之知賞，固由李沖之薦引，亦因淹本籍青州，習於水道運輸，觀其請建浮航及孝文令其主舟楫幷知左右都水事等，可以推知。蓋與蔣少游之隸籍青州（樂安博昌），故孝文修船乘，任之爲都水使者，其事相類也（見前引魏書蔣少游傳）。但此經濟政策其最高主動者雖爲孝文帝本身，然洛都營建，李沖實司其事，故一反傳統面朝背市之制，而置市場於城南者，當出於李沖之規畫。蓋李沖乃就地施工主持建設之人，此事非與之有關不可。此寅恪所以言與其就北魏胡族系之實行性以爲解釋，無寧歸功於河西系漢族李沖之實行性，較易可通也。

至於關繫李沖河西家世一點，姑就假想試爲略論，聊備一說而已，殊不可視作定論也。

李沖爲西涼李暠之曾孫，其對於涼州之親故鄉里，尤所篤愛，至以此獲譏於世。前引李沖傳文以論河西文化節中已言之，茲不復詳。故由史文推證，可知沖乃一保存鄉里土風國粹（西涼國也）之人物無疑也。今據一二簡略史文推測，似涼州都邑頗有宮在城北而市在城南之狀況，如晉書壹貳貳呂纂載記所載：

纂，光之庶長子也。苻堅時入太學，及堅亂，西奔上邽，轉至姑臧，拜武賁中郎將，封太原公。光死，紹嗣僞位。（呂）弘密告纂曰：「欲遠追廢昌邑之義，以兄爲中宗，何如？」纂於是夜率壯士數百，踰北城攻廣夏門，弘率東苑之衆斫洪範門。左衞齊從守融明觀，逆問之曰：「誰也？」衆曰：「太原公。」從曰：「國有大故，主上新立，太原公行不由道，夜入禁城，將爲亂耶？」因抽劍直前，斫纂中額，纂左右擒之。纂曰：「義士也，勿殺！」紹遣武賁中郎將呂開率其禁兵距戰於端門。衆素憚纂，悉皆潰散。纂入自青角門，升於謙光殿，紹登紫閣自殺。

水經注肆拾都野澤條引王隱晉書（參藝文類聚陸叁及太平御覽壹玖柒所引）云：

涼州城有龍形，故曰臥龍城。南北七里，東西三里，本匈奴所築，乃張氏之世居也。又張駿增築四城箱各千步。東城殖園果，命曰講武場，北城殖園果，命曰玄武圃，皆有宮殿；中城作四時宮，隨節游幸。幷舊城爲五，街衢相通二十二門。大繕宮殿觀閣，采妝飾擬中夏也。

通鑑壹壹壹晉紀隆安三年涼王光疾甚條，胡注云：

廣夏門、洪範門皆中城門也。青角門，蓋涼州中城之東門也。

太平御覽壹陸伍州郡部涼州條引晉書云：

惠帝末，張軌求爲涼州，於是大城此城〔姑臧〕爲一府會以據之，號前涼，呂光復據之，號後涼。

若詳繹上引簡略殘缺之史料，則知姑臧之中城即張氏、呂氏有國之宮城，齊從所謂禁城者是也。張氏築宮摹擬中夏，則前後二涼，其城門之名，必多因襲晉代洛陽之舊，考洛陽伽藍記序云：

太和十七年，後魏高祖遷都洛陽，詔司空穆亮營造宮室，洛城門依魏晉舊名。北面有二門，西頭曰大夏門，漢曰夏門，魏晉曰大夏門；東頭曰廣莫門，漢曰穀門，魏晉曰廣莫門，高祖因而不改。自廣莫門以西至於大夏門宮觀相連，被諸城上也。據此，則呂纂踰姑臧北城所攻之廣夏門，必略與晉代洛陽之大夏門、廣莫門相當，乃其中城即宮城或禁城之北門。又依王隱所記張氏增築北城，命之曰圃，既殖園果，復有宮殿，是由增築之北城直抵王宮，其間自不能容市場之存在，蓋與經典傳統背市之說不合。夫姑臧之宮既在中城，其增築之北城及東城皆殖果木，俱無容納市場之餘地，自不待言。且其城南北長，東西狹，故增築之東西城地域甚小，而增築之南城則面積頗廣，然則以通常情勢論，姑臧市場在增築之南城，即當中城前門之正面，實最爲可能。若所推測者不誤，是前後涼之姑臧與後來北魏之洛陽就宮在北市在南一點言之，殊有相似之處。又姑臧本爲涼州政治文化中心，復經張氏增修，遂成河西模範標準之城邑，亦如中夏之有洛陽也。但其城本爲匈奴舊建，當張氏增築時其宮市位置爲遷就舊址之故，不能與中國經典舊說符合。李沖受命規畫洛陽新制，亦不能不就西晉故都遺址加以改善，殆有似張氏之增築姑臧城者，豈其爲河西家世遺傳所薰習，無意之中受涼州都會姑臧名城之影響，遂致北魏洛都一反漢制之因襲，而開隋代之規模歟？此前所謂姑作假想，姑備一說，自不得目爲定論者也。

夫北魏洛都新制其所以殊異於前代舊規之故，雖不易確知，然東魏鄴都南城及隋代大興即唐代長安之都邑建置全部直受北魏洛都之影響，此乃文化染習及師承問題，與個人家世及性質無涉。故修建鄴都南城之高隆之爲漢種，計畫大興新都之宇文愷爲胡族，種族縱殊，性質或別，但同爲北魏洛都文化系統之繼承人及摹擬者，則無少異。總而言之，全部北朝史中凡關於胡漢之問題，實一胡化漢化之問題，而非胡種漢種之問題，當時之所謂胡人漢人，大抵以胡化漢化而不以胡種漢種爲分別，即文化之關係較重而種族之關係較輕，所謂有教無類者是也。此意非此書所能詳盡，要爲論北朝史事不可不知者，遂亦略著其意於此。

北史伍肆高隆之傳（北齊書壹捌高隆之傳略同）略云：

高隆之，洛陽人也，爲閹人徐成養子，少時賃升爲事，或曰父幹爲姑壻高氏所養，因從其姓。隆之後有參定功，神武命爲弟，仍云勃海蓨人。後起兵於山東，累遷幷州刺史，入爲尙書右僕射，又領營構大匠，以十萬夫撤洛陽宮殿運於鄴。構營之制皆委隆之，增築南城周二十五里，以漳水近帝城，起長隄以防汎溢，又鑿渠引漳水周流城郭，造水碾磑，幷有利於時。太僕卿任集（北齊書作太府卿任集，通鑑壹伍柒梁紀大同元年十一月甲午（寅）東魏閶闔門災條作太府卿任忻集）同知營構。

北齊書叁捌辛術傳（北史伍拾辛雄傳附術傳同）略云：

辛術，少明敏有識度，釋褐司空胄曹參軍，與僕射高隆之共典營構鄴都宮室。術有思理，百工克濟。

魏書壹貳孝靜紀（北史伍魏本紀同）略云：

天平元年十月丙子車駕北遷於鄴。庚寅車駕至鄴，居北城相州之廨。

二年八月甲午發衆七萬六千人營新宮，冬十有一月甲寅閶闔門災。

四年夏四月辛未遷七帝神主入新廟，大赦天下，內外百官普進一階。六月己巳幸華林園理訟，壬午閶闔門災。

元象元年六月壬辰帝幸華林都堂聽訟。

興和元年冬十有一月癸亥以新宮成，大赦天下。

二年正月丁丑徙御新宮，大赦，內外百官普進一階，營構主匠別優一階。三年冬十月己巳發夫五萬人築漳濱堰，三十五日罷。

寅恪案：東魏鄴都之制，可略於葛邏祿迺賢河朔訪古記中及顧炎武歷代帝王宅京記壹貳所考窺見梗概，茲不備引。其宮市位置及門闕名稱無一不沿襲洛都之舊，質言之，即將洛陽全部移徙於鄴是也。其司營構之任而可考知者，如高隆之、任集、辛術諸人，其男女系之血統雖不盡悉，但可一言以蔽之，北魏洛陽都邑環境中所產生之人物而已。觀於主持營構者高隆之一傳，即知東魏及高齊之鄴都之新構，乃全襲北魏太和洛陽之舊規，無復種族性質之問題，直是文化系統之關係，事實顯著，不待詳論也。

茲請考隋造新都大興城之經過。隋書壹高祖紀上（北史壹壹隋本紀上同）略云：

開皇二年六月景申詔左僕射高熲、將作大匠劉龍、鉅鹿郡公賀婁子幹、太府少卿高龍乂等創造新都，十月辛卯以營新都副監賀婁子幹爲工部尙書，十二月景子名新都曰大興城。

三年正月庚子將入新都，大赦天下。三月景辰雨，常服入新都。

唐六典（近衞本）柒工部郎中員外郎條略云：

今京城隋文帝開皇二年六月詔左僕射高熲所置，南直終南山子午谷，北據渭水，東臨滻川，西次灃水。太子左庶子宇文愷創制規模，將作大匠劉龍、工部尚書賀婁子幹、太府少卿高龍乂並充檢校。至三年三月移入新都焉，名曰大興城。東西十八里一百一十五步，南北十五里一百七十五步。牆高一丈八尺，皇城之南東西十坊，南北九坊，皇城之東西各一十二坊，兩市居四坊之地，凡一百一十坊。開元十四年又取東面兩坊作興慶宮。

北史柒貳高熲傳（隋書肆壹高熲傳略同）略云：

高熲，自言勃海蓨人也。其先因官北邊，沒於遼左。曾祖暠，以太和中自遼東歸魏，官至衞尉卿。祖孝安，位兗州刺史。父賓，仕東魏。大統六年避讒棄官奔西魏，獨孤信引賓爲僚佐，賜姓獨孤氏。及（隋文）帝受禪，拜尚書左僕射納言，領新都大監，制度多出於熲。

隋書伍叁賀婁子幹傳（北史柒叁賀婁子幹傳同）略云：

賀婁子幹，本代人也。隨魏氏南遷，世居關右。祖道成，魏侍中太子太傅；父景賢，右衞大將軍。子幹少以驍武知名，周武帝時釋褐司水上士，稱爲强濟，累遷小司水，以勤勞封思安縣子。大象初，領軍器監。開皇元年，進爵鉅鹿郡公。其年吐谷渾寇涼州，子幹以行軍總管從上柱國元諧擊之，功最，優詔褒美。高祖慮邊塞未安，即令子幹鎮涼州。明年徵授營新都副監，尋拜工部尚書。其年突厥復犯塞，以行軍總管從竇榮定擊之。

周書壹玖宇文貴傳（北史陸拾宇文貴傳同）略云：

宇文貴，其先昌黎大棘人，徙居夏州，父莫豆干，（子）愷。

隋書陸捌宇文愷傳（北史陸拾宇文貴傳附愷傳及周書壹玖宇文貴傳略同）略云：

愷少有器局，家世武將，並以弓馬自達。愷獨好學，博覽書記，解屬文，多技藝，號爲名父公子。及（隋高祖）踐阼，誅宇文氏，愷亦在殺中，以其與周本別，兄忻有功於國，使人馳赦之，僅而得免。後拜營宗廟副監太子左庶子。及遷都，上以愷有巧思，詔領營新都副監。高熲雖總其大綱，凡所規畫皆出於愷。後決渭水達河以通運漕，詔愷總督其事。兄忻被誅，除名於家，久不得調，會朝廷以魯班故道久絕不行，令愷修復之。既而上建仁壽宮，訪可任者，楊素言愷有巧思，上然之，於是檢校將作大匠，歲餘拜仁壽宮監，尋爲將作少監。文獻皇后崩，愷與楊素營山陵事。煬帝即位，遷都洛陽，以愷爲營東都副監。愷揣帝心在宏侈，於是東京制度窮極壯麗，帝大悅之，拜工部尚書。及長城之役，詔愷規度之。時帝北巡，欲誇戎狄，令愷爲大帳，其下坐數千人；又造觀風行殿，上容侍衞者數百人，離合爲之，下施輪軸，推移倏忽，有若神功，戎狄見之，莫不驚駭。自永嘉之亂，明堂廢絕，隋有天下，將復古制，議者紛然，皆不能決。愷博考羣籍，奏明堂儀，表曰：「宋起居注曰：『孝武帝大明五年立明堂。』梁武即位之後，移宋時太極殿以爲明堂。平陳之後，臣得目觀，遂量步數，紀其丈尺。猶見基內有焚燒殘柱，毀斫之餘入地一丈，儼然如舊。柱下以樟木爲跗長丈餘闊四尺許，兩兩相並，瓦安數重，宮城處所乃在郭內。雖湫隘卑陋，未合規摹，祖宗之靈得崇嚴祀。周齊二代闕而不修，大饗之典於焉靡託。臣研究衆說，總撰今圖，其様以木爲之。」帝可其奏。會遼東之役事不果行。卒官。撰東都圖記二十卷、明堂圖議二卷、釋疑一卷，見行於世。

同書同卷何稠傳附劉龍傳（北史玖拾藝術傳下何稠傳附劉龍傳同）云：

開皇時有劉龍者，河間人也。性强明有巧思，齊後主知之，令修三爵臺，甚稱旨，因而歷職通顯。及高祖踐阼，大見親委，拜右衞將軍，兼將作大匠。遷都之始，與高熲參掌制度，代號爲能。

北齊書壹肆長樂太守靈山傳（北史伍壹齊宗室諸王傳上長樂太守靈山傳同）云：

乂少謹，武平末給事皇門侍郎，隋開皇中爲太府少卿，坐事卒。

寅恪案：隋代營建大興新都城即後來唐代長安城諸人，除賀婁子幹及宇文愷外，高熲、劉龍及高龍乂即高乂，或家世久居山東，或本爲北齊宗室及遺臣，俱可謂洛陽鄴都系文化之產物。高熲傳雖言新都「制度多出於熲」，然宇文愷傳又謂「高熲雖總其大綱，凡所規畫皆出於愷」，又唐六典以爲「宇文愷創制規模」，故知高熲之於營建新都，殆不過以宰相資望領護其事，如楊素領護制定五禮之比，吾人可不必於熲本身性質及其家世多所推究也。賀婁子幹雖於開皇三年六月任營新都副監，但是年即率兵出擊突厥，居職甚暫，實無足述。劉龍在北齊本以修宮室稱旨，致位通顯，隋書無高龍乂傳，而北齊書、北史齊宗室高靈山傳附有高乂事跡，謂其於隋開皇中爲太府少卿，則開皇二年六月丙申命營新都詔書中之太府少卿高龍乂當即其人無疑。然則鄴都南城之制即太和洛陽之遺，必至少由劉龍、高乂二人輸入於隋也。至宇文愷一人蓋與山東地域無關，而大興新制彼獨主其事，似難解釋，鄙意宇文愷、閻毗、何稠三人皆隋代之技術專家，已於前論大業元年議制車輦時涉及，前已節錄宇文愷傳文較詳，茲並取舊史中閻毗、何稠及其家屬傳文有關者迻寫於下，綜合試釋之。

周書貳拾閻慶傳（北史陸壹閻慶傳同）略云：

閻慶，河南河陰人也。曾祖善，仕魏歷龍驤將軍雲州鎮將，因家於雲州之盛樂郡。祖提，使持節車騎大將軍、燉煌鎮都大將。父進，正光中拜龍驤將軍，屬衞可孤作亂，攻圍盛樂，進率衆拒守，城竟獲全，以功拜盛樂郡守。晉公（宇文）護母，慶之姑也。次子毗。

隋書陸捌閻毗傳（北史陸壹閻慶傳附毗傳同）略云：

（毗）能篆書，工草隸，尤善畫，爲當時之妙，周武帝見而悅之，命尚淸都公主。（隋）高祖受禪，以技藝侍東宮，數以琱麗之物取悅於皇太子（勇）。太子服玩之物，多毗所爲。煬帝嗣位，盛修軍器，以毗性巧，諳練舊事，詔典其職，尋授朝請郎，毗立議輦輅車輿多所增損。長城之役，毗總其事。及帝有事恆岳，詔毗營立壇場。將興遼東之役，自洛口開渠，達於涿郡，以通運漕，毗督其役。營建臨朔宮，又領將作少監。

新唐書柒叁下宰相世系表閻氏條略云：

北平太守安成侯鼎，字玉鉉，死劉聰之難。子昌奔於代王猗盧，遂居馬邑。孫滿後魏諸曹大夫，自馬邑又徙河南。孫善龍驤將軍雲中鎮將，因居雲中盛樂。生車騎將軍燉煌鎮都大將提，提生盛樂郡守進，進少子慶生毗。

舊唐書柒柒閻立德傳（新唐書壹百閻讓傳同）略云：

閻立德，雍州萬年人，隋殿內少監毗之子也。其先自馬邑徙關中。毗初以工藝知名，立德與弟立本早傳家業，武德中累除尙衣奉御。立德所造衮冕、大裘等六服幷腰輿、傘扇咸依典式，時人稱之。貞觀初歷遷將作少匠，封大安縣男。高祖崩，立德以營山陵功擢爲將作大匠。貞觀十年文德皇后崩，又令攝司空，營昭陵，坐怠慢解職。十三年復爲將作大匠。十八年從征高麗，及師旅至遼澤，東西二百餘里泥淖，人馬不通，立德塡道造橋，兵無留礙，太宗甚悅。尋受詔造翠微宮及玉華宮，咸稱旨，賞賜甚厚。俄遷工部尙書。二十三年攝司空，營護太宗山陵，事畢進封爲公，顯慶元年卒。

立本顯慶中累遷將作大匠。後代立德爲工部尙書，兄弟相代爲八座，時論榮之。總章元年遷右相。立本雖有應務之才，而尤善圖畫，工於寫眞，秦府十八學士圖及貞觀中凌煙閣功臣圖並立本之跡也，時人咸稱其妙。太宗嘗與侍臣學士泛舟於宜春苑池中，有異鳥隨波容與，太宗擊賞，數賜詔坐者爲詠，召立本令寫焉，時閣外傳呼云畫師閻立本。立本時已爲主爵郎中，奔走流汗，俛伏池側，手揮丹粉，瞻望坐賓，不勝媿赧，退戒其子曰：「吾少好讀書，幸免面牆，緣情染翰，頗及儕流，唯以丹青見知，躬廝役之務，辱莫大焉，汝宜深誡，勿習此末伎！」立本爲性所好，欲罷不能也。及爲右相，與左相姜恪對掌樞密。恪既歷任將軍，立功塞外，立本唯善於圖畫，非宰輔之器，故時人以千字文爲語曰：左相宣威沙漠，右相馳譽丹青。〔參考張彥遠歷代名畫記玖駁此說〕

隋書柒伍儒林傳何妥傳（北史捌貳儒林傳下何妥傳同）略云：

何妥，西域人也。父細胡〔北史作細脚胡〕通商入蜀，遂家郫縣，事梁武陵王紀，主知金帛，遂致巨富，號爲西州大賈。妥少機警，十七以技巧事湘東王，後知其聰明，召爲誦書左右。江陵陷，周武帝尤重之，授太學博士。高祖受禪，除國子博士，爲國子祭酒，卒。

同書陸捌何稠傳（北史玖拾藝術傳下何稠傳同）略云：

何稠，國子祭酒妥之兄子也。父通善斲玉。稠性絕巧，有智思，用意精微。年十餘歲遇江陵陷，隨妥入長安，仕周御飾下士。及高祖爲丞相，召補參軍，兼掌細作署，累遷御府監，歷太府丞。稠博覽古圖，多識舊物，波斯嘗獻金緜錦袍，組織殊麗，上命稠爲之。稠錦既成，逾所獻者，上甚悅。時中國久絕琉璃之作，匠人無敢厝意，稠以綠瓷爲之，與眞不異。仁壽初，文獻皇后崩，與宇文愷參典山陵制。大業初，煬帝將幸揚州，謂稠曰：「今天下大定，朕承洪業，服章文物闕略猶多，卿可討閱圖籍，營造輿服羽儀，送至江都也。」其日拜少府卿。稠於是營黃麾三萬六千人仗及車輿輦輅、皇后鹵簿、百官儀服依期而就，送於江都。所役二十萬餘人，用金銀錢物鉅億計，帝使兵部侍郎明雅、選部郎薛邁等勾覈之，數年方竟，毫釐無舛。稠參會今古，多所改創。帝復令稠造戎車萬乘鈎陣八百連，帝善之，以稠守太府卿。後三歲兼領少府監。遼東之役攝右屯衞將軍，領御營弓弩手三萬人。時工部尚書宇文愷造遼水橋不成，師不得濟，右屯衞大將軍麥鐵杖因而遇害，帝遣稠造橋，二日而就。初稠制行殿及六合城，至是帝於遼左與賊相對，夜中施之，其城周迴八里，城及女垣合高十仞，上布甲士，立仗建旗，四隅置闕，面別一觀，觀下三門，遲明而畢，高麗望見，謂若神功。從幸江都，遇宇文化及作亂，以為工部尚書。化及敗，陷於竇建德，復以為工部尚書。建德敗，歸於大唐，授將作小匠〔北史作少府監〕，卒。

綜合隋代三大技術家宇文愷、閻毗、何稠之家世事跡推論，蓋其人俱含有西域胡族血統，而又久為華夏文化所染習，故其事業皆藉西域家世之奇技，以飾中國經典之古制。如明堂、輅輦、衮冕等，雖皆為華夏之古制，然能依託經典舊文，而實施精作之，則不藉西域之工藝亦不為功。夫大興、長安都城宮市之規模取法太和洛陽及東魏高齊鄴都南城，猶明堂、車服之制度取法中國之經典也。但其實行營建製造而使成宏麗精巧，則有資於西域藝術之流傳者矣，故謂大興長安城之規模及隋唐大輅、衮冕之制度出於胡制者固非，然謂其絕無繫於西域之工藝者，亦不具通識之言者亦也。前賢有中學作體，西學爲用之說，若取以喻此，其最適合之義歟？（魯般爲燉煌人之傳說，亦與西域及河西建築工藝有關，見段成式酉陽雜俎續集肆貶誤門引朝野僉載。）何稠家世出於西域，史已明言，無待推證，所可注意者，則蜀漢之地當梁時爲西域胡人通商及居留之區域一事，寅恪曾別有所論，茲不復贅（見一九三五年清華學報拙著李白氏族之疑問）。

閻毗家世如新唐書宰相世系表所記者，其源當出於閻氏所自述，但與晉書肆捌閻纘傳及陸拾閻鼎傳不符，沈炳震新唐書宰相世系表訂譌亦已言及，故其所謂閻鼎子昌避難奔於馬邑者，乃胡族家譜冒充漢人，其關節所聯繫之通例，其爲依託亦不待辨，質言之，閻氏家世所出必非華夏種類無疑也。至其是何胡族，則有略可推測者，宇文護之母乃閻慶之姑，周書壹壹晉蕩公護傳（北史伍柒周宗室傳邵惠公顥傳附護傳同）略云：

晉蕩公護，字薩保，太祖之兄邵惠公顥之少子也。護至涇州見太祖，而太祖疾已綿篤，謂護曰：「天下之事屬之於汝。」護涕泣奉命，行至雲陽，而太祖崩，護祕之，至長安，乃發喪。時嗣子冲弱，强寇在近，人情不安，護綱紀內外，撫循文武，於是衆心乃定。先是太祖常云：「我得胡力」，當時莫曉其旨。至是人以護字當之。護性至孝，得（母閻姬）書，悲不自勝，報書曰：「受形稟氣，皆知母子，誰同薩保，如此不孝。當鄉里破敗之日，薩保年已十餘歲，隣曲舊事猶自記憶。太祖升遐，天保未定，薩保屬當猶子之長，親受顧命，雖身居重任，職當憂責。不期今日得通家問，蒙寄薩保別時所留錦袍表，年歲雖久，宛然猶識。」

寅恪案：薩保即宇文護本來之胡名，其後別命漢名，乃以其原有胡名爲字，此北朝胡人之通例，故護報其母閻氏書即自稱薩保，其明證也。考隋書貳柒百官志載北齊鴻臚寺典客署有京邑薩甫二人，諸州薩甫一人。又同書貳捌百官志載隋雍州薩保爲視從七品，諸州胡二百戶已上薩保爲視正九品。通典肆拾職官典貳貳薩寶符祆正條注云：

祆者，西域國天神，武德四年置祆祠及官，常有羣胡奉事，取火呪詛。

夫宇文護字之薩保與隋之薩保同，亦即北齊之薩甫、唐之薩寶，此名與火祆之關係，自不待論，火祆教入中國之始末亦非此文所論也。茲所欲論者，即宇文護既以薩保爲名，則其母閻氏或與火祆教有關，而閻氏家世殆出於西域，又觀閻慶之祖提即宇文護母之父，其人曾爲敦煌鎮都大將，敦煌爲交通西域要道，或亦因是與西域有關耶？至宇文愷雖氏族出自東北，而世居夏州，其地較近西北，與西域交通亦易發生關係，故其技術之養成，推原於家世所出及地理環境，則不難解釋。總而言之，若技術人才出於胡族，則必於西胡而不於東胡求之，蓋當中古時代吾國工藝之發展實有資於西域之文明，而東方胡族之藝術殊不足有所貢獻於中國，故世之稱揚隋唐都邑新制歸功於胡族，即東方胡族實行性之表現者，似僅就表面籠統推測，而無深刻之觀察，但此點史料缺乏，本極難斷定，固不敢固執鄙見，特陳其所疑，以求通人之教正如此。

三　職官

隋唐職官之名號任務，其淵源變革記載本較明顯，而與此章有關之隋唐制度之三源復已於前章詳悉考論，其涉及職官者尤爲易知，故此章僅擇其要點言之，其餘可從簡略。但有二事，實爲隋唐制度淵源系統之所繫，甚爲重要，而往往爲論史者所忽視或誤解，則不得不詳爲考辨，蓋所以證實本書之主旨也。其第一事即宇文泰所以令蘇綽、盧辯等摹倣周官之故及其制度實非普遍於全體，而僅限於中央文官制度一部分。第二事即唐代職官乃承附北魏太和、高齊、楊隋之系統，而宇文氏之官制除極少數外，原非所因襲。開元時所修六典乃排比當時施行令式以合古書體裁，本爲粉飾太平制禮作樂之一端，故其書在唐代行政上遂成爲一種便於徵引之類書，並非依其所託之周官體裁，以設官分職實施政事也。觀其書編修之經過，即知不獨唐代職官與周禮無關，且更可證明適得其反者。然則論者據唐六典一書竟謂唐代施政得周官之遺意者，殆由不能明悉唐代制度之系統淵源所致也。茲依時代先後，略述職官淵源流變之史料，而附以辨證焉。

魏書壹壹叁官氏志略云：

自太祖至高祖初，其內外百官屢有減置，或事出當時，不爲常目，如萬騎、飛鴻、常忠、直意將軍之徒是也。舊令亡失，無所依據。太和中，高祖詔羣寮議定百官，著於令。

孝莊初，以爾朱榮有扶翼之功，拜柱國大將軍，位在丞相上。

同書柒下高祖紀下（北史叁魏本紀同）略云：

太和十七年六月乙巳詔曰：「遠依往籍，近採時宜，作職員令二十一卷，權可付外施行，其有當局所疑而令文不載者，隨事以聞，當更附之。」

十九年十二月乙未朔引見羣臣於光極堂，宣示品令，爲大選之始。

寅恪案：北魏在孝文帝太和制定官制以前，其官職名號華夷雜糅，不易詳考，自太和改制以後，始得較詳之記載，今見於魏收書官氏志所叙列者是也。新唐書伍捌藝文志史部職官類有魏官品令一卷，其書諒與太和十九年十二月朔宣示羣臣之品令有關也。魏孝文之改制，即吸收南朝前期發展之文化，其事已於前論禮儀章考辨證明，茲不必詳及。

隋書貳陸百官志序略云：

漢高祖職官之制因於嬴氏，其間同異，抑亦可知。光武中興，聿遵前緒，唯廢丞相與御史大夫，而以三司綜理衆務，洎於叔世，事歸臺閣，論道之官備員而已。魏晉繼及，大抵略同。爰及宋齊，亦無改作。梁武受終，多循齊舊，然而定諸卿之位，各配四時，置戎秩之官，百有餘號。陳氏繼梁，不失舊物。高齊創業，亦遵後魏，臺省位號與江左稍殊。有周創據關右，日不暇給，洎乎克清江漢，爰議憲章，酌酆鎬之遺文，置六官以綜務，詳其典制，有可稱焉。

高祖踐極，百度伊始，復廢周官，還依漢魏，唯以中書爲內史，侍中爲納言，自餘庶僚頗有損益。煬帝嗣位，意在稽古，建官分職，率由舊章，大業三年，始行新令，今之存錄者，不能詳備焉。

新唐書肆陸職官志序（舊唐書肆貳職官志序略同）略云：

唐之官制，其名號祿秩雖因時增損，而大體皆沿隋故。其官司之別曰省，曰臺，曰監，曰衞，曰府，各統其屬，以分職定位。其辨貴賤，叙勞能，則有品，有爵，有勳，有階，以時考覈，而升降之，所以任羣材，治百事。其爲法則精而密，其施於事則簡而易行，所以然者，由職有常守，而位有常員故也。方唐之盛時，其制如此。

寅恪案：上引史文，不待解釋，若能注意「高齊創業，亦遵後魏」，「（隋）高祖踐極，復廢周官，還依漢魏」及「唐之官制大體皆沿隋故」數語，則隋唐官制之系統淵源已得其要領。茲更依舊史之文，略詮論一二，以資參證，至前所謂忽視及誤解之點，則於此章之末論之，庶於叙說較便也。

隋書貳柒百官志略云：

後齊制官，多循後魏。

寅恪案：高齊職官之承襲北魏，不待贅論，惟其尚書省五兵尚書之職掌及中書省所領進御之音樂諸官則與後來兵制及音樂有關，俟於後音樂章及兵制章詳論之。

同書貳捌百官志：

（隋）高祖既受顧命，改周之六官，其制多依前代之法。

寅恪案：所謂前代之法即所謂漢魏之制，實則大抵自北魏太和傳授北齊之制，此隋官制承北齊不承北周之一例證也。杜佑於通典貳伍職官典柒總論諸卿條子注中論隋之改制頗爲有識，其後宋人論唐六典其意亦同，其言當於下論六典時再詳引之。杜氏注略云：

後周依周禮置六官，而年代短促，人情相習已久，不能革其視聽，故隋氏復廢六官多依北齊之制。官職重設，庶務煩滯，加六尙書似六官之六卿，又更別立寺監，則戶部與太府分地官司徒職事，禮部與太常分春官宗伯職事，刑部與大理分秋官司寇職事，工部與將作分冬官司空職事。自餘百司之事多類於斯，欲求理要，實在簡省。

寅恪案：杜君卿謂隋之職官多依北齊之制，自是確實。然尙有一事關於職官之選任者，初視之似爲隋代創制，而唐復因之，實則亦北魏末年及北齊之遺習，不過隋承之，又加以普遍化而已。其事悉廢漢以來州郡辟署僚佐之制，改歸吏部銓授，乃中國政治史上中央集權之一大變革也。故不可不略考論之。

隋書貳捌百官志（唐六典叁拾刺史條、通典叁叁職官典鄉官條同）略云：

（開皇三年）舊周齊州郡縣職自州都郡縣正已下皆州郡將縣令至而調用，理時事，至是不知時事，直謂之鄉官，別置品官，吏部除授。

（開皇）十五年罷州縣鄉官。

同書柒伍儒林傳劉炫傳略云：

（牛）弘又問：「魏齊之時令史從容而已，今則不遑寧舍，其事何由？」炫對曰：「往者州唯置綱紀，郡置守丞，縣唯令而已，其所具僚則長官自辟，受詔赴任，每州不過數十，今則不然，大小之官悉由吏部，纖介之跡皆屬考功。」

通典叁叁職官典總論縣佐條漢有丞尉及諸曹掾句下杜氏注云：

多以本郡人爲之，三輔則兼用他郡，及隋氏革選，盡用他郡人。

寅恪案：若僅據此，似中央政府之吏部奪取地方政府州郡縣令自辟之權，以及縣佐之迴避本郡，均始於隋代，然若就其他史料考之，則知殊不然也。如北齊書捌幼主紀（北史捌齊本紀同）略云：

帑藏空竭，乃賜諸佞幸賣官，或得郡兩三，或得縣六七，各分州郡，下逮鄉官，亦多降中者，故有敕用州主簿、敕用郡功曹。

通典壹肆選舉典略云：

其（漢代）州郡佐吏自別駕長史以下，皆刺史太守自辟，歷代因而不革。洎北齊武平中，後主失政，多有佞倖，乃賜其賣官，分占州郡，下及鄉官，多降中旨，故有敕用州主簿、郡功曹者。自是之後，州郡辟士之權浸移於朝廷，以故外吏不得精覈，由此起也。

後周其刺史僚佐則自署，府官則命於朝廷。

（隋）牛弘爲吏部尙書，高構爲侍郎，最爲稱職。當時之制，尙書舉其大者，侍郎舉其小者，則六品以下官咸吏部所掌，自是海內一命以上之官州郡無復辟署矣。〔原注云：自後魏、北齊州郡僚佐已多爲吏部所授，至隋一切歸在省司。〕

寅恪案：北周刺史尚能自署僚佐，而後魏、北齊州郡僚佐則已多爲吏部所授，至隋一切歸之省司，此隋代政治中央集權之特徵，亦即其職官選任之制不因北周而承北齊之一例證也。

又隋書貳捌百官志略云：

高祖又採後周之制，置上柱國、柱國、上大將軍、大將軍、上開府儀同三司、開府儀同三司、上儀同三司、儀同三司、大都督、帥都督、都督，總十一等以酬勤勞。

唐六典貳肆左右衛大將軍各一人正三品注略云：

自兩漢至北齊大將軍位視三公，至隋十二大將軍直爲武職，位左右臺省之下，與右〔近衛本考訂云：右疑當作古〕大將軍但名號同，而統務別。

寅恪案：此爲隋制之因於北周而不承北齊者，似爲變例，然考所謂柱國大將軍之號其實亦始於北魏之末年，而西魏北周承之，故隋採此制，可言祧北齊而承魏周。蓋楊氏王業所基，別是一胡化系統，當於後兵制章詳之，茲僅節錄舊籍關於此名號之源流，以備參證，覽者自能得之，可不詳論也。如周書壹陸侯莫陳崇傳後（北史陸拾王雄傳後、通典貳捌職官典將軍總叙條及叁肆職官典勳官條俱略同）略云：

初魏孝莊帝以爾朱榮有翊戴之功，拜榮柱國大將軍，位在丞相上。榮敗後，此官遂廢。大統三年，魏文帝復以太祖建中興之業，始命爲之。其後功參佐命、望實俱重者亦居此職，自大統十六年以前任者凡有八人。太祖位總百揆，督中外軍，魏廣陵王欣元氏懿戚，從容禁闥而已，此外六人各督二大將軍，分掌禁旅，當爪牙禦侮之寄，當時榮盛莫與爲比，故今之稱門閥者咸推八柱國家云。今幷十二大將軍錄之於左：

（上略）。

使持節柱國大將軍大都督大司馬河內郡開國公獨孤信

（下略）。

右與太祖爲八柱國。

（上略）。

使持節大將軍大都督陳留郡開國公楊忠。

（下略）。

茲請言宇文泰摹仿周官之事，先略引舊史之文有關於此者，然後再討論之。

周書貳文帝紀（北史玖周本紀同）略云：

魏廢帝三年春正月始作九命之典，以叙內外官爵，以第一品爲九命，第九品爲一命，改流外品爲九秩，亦以九爲上。

魏恭帝三年春正月丁丑初行周禮，建六官。初太祖以漢魏官繁，思革前弊，大統中乃命蘇綽、盧辯依周制改創其事，尋亦置六卿官，然爲撰次未成，衆務猶歸臺閣，至是始畢，乃命行之。

北史伍魏本紀云：

大統十四年五月以安定公宇文泰爲太師，廣陵王欣爲太傅，太尉李弼爲大宗伯，前太尉趙貴爲大司寇，以司空于謹爲大司空。

通鑑壹陸壹梁紀太淸二年五月載此事，胡注云：

宇文相魏，倣成周之制建官。

寅恪案：此即周書貳文帝紀、北史玖魏本紀所謂「大統中置六卿官」者也。

周書貳肆盧辯傳（北史叁拾盧同傳附辯傳略同）略云：

盧辯，范陽涿人，累世儒學。辯少好學，博通經籍，舉秀才，爲太學博士，以大戴禮未有解詁，辯乃注之。其兄景裕爲當時碩儒，謂辯曰：「昔侍中注小戴，今爾注大戴，庶纂前修矣。」太祖以辯有儒術，甚禮之。自魏末亂離，孝武西遷，朝章禮度湮墜咸盡，辯因時制宜，皆合軌度。性强記默契，能斷大事，凡所創制，處之不疑。初太祖欲行周官，命蘇綽專掌其事，未幾而綽卒，乃令辯成之。於是依周禮建六官，置公卿大夫士，幷撰次朝儀、車服、器用，多依古禮，革漢魏之法，事並施行。辯所述六官，太祖以魏恭帝三年始命行之，自茲厥後，世有損益，於時雖行周禮，其內外衆職又兼用秦漢等官，今略舉其名號及命數附之於左：

柱國大將軍、大將軍。

右正九命。

驃騎車騎等大將軍開府儀同三司、雍州牧。

右九命。

驃騎車騎等將軍左右光祿大夫、戶三萬以上州刺史。

右正八命。

(下略)。

隋書貳柒百官志略云：

周太祖初據關內，官名未改魏號，及方隅粗定，命尙書盧辯遠師周之建職，置三公、三孤，以爲論道之官；次置六卿，以分司庶務。制度既畢，太祖以魏恭帝三年始命行之。

觀上所引舊載宇文泰摹倣成周，創建官制之始末，亦可略知梗概。周禮一書，其眞僞及著作年代問題古今說者多矣，大致爲儒家依據舊資料加以系統理想化之偉作，蓋託古改制而未嘗實行者，則無疑義也。自西漢以來，摹倣周禮建設制度，則新莽、周文帝、宋神宗，而略傅會其名號者則武則天，四代而已。四者之中三爲後人所譏笑，獨宇文之制甚爲前代史家所稱道，至今日論史者尙復如此。夫評議其事之是非成敗，本非本章之主旨及範圍，故俱置不論。玆所言者，僅宇文泰摹倣周禮創建制度之用心及其所以創建之制度之實質而已。

宇文泰憑藉六鎭一小部分之武力，割據關隴，與山東、江左鼎足而三，然以物質論，其人力財富遠不及高歡所轄之境域，固不待言；以文化言，則魏孝文以來之洛陽及洛陽之繼承者鄴都之典章制度，亦豈荒殘僻陋之關隴所可相比。至於江左，則自晉室南遷以後，本神州文化正統之所在，況值梁武之時庾子山所謂「五十年間江表無事」之盛世乎？故宇文苟欲抗衡高氏及蕭梁，除整軍務農、力圖富强等充實物質之政策外，必應別有精神上獨立有自成一系統之文化政策，其作用既能文飾輔助其物質即整軍務農政策之進行，更可以維繫其關隴轄境以內之胡漢諸族之人心，使其融合成爲一家，以關隴地域爲本位之堅强團體。此種關隴文化本位之政策，範圍頗廣，包括甚衆，要言之，即陽傳周禮經典制度之文，陰適關隴胡漢現狀之實而已。其關係氏族郡望者，寅恪嘗於考辨李唐氏族問題文中論之，如李唐武周先世雜考所引隋書經籍志之文，即其確證之一也（見前中央研究院歷史語言研究所集刊第五本第二分）。約言之，西魏宇文泰改造漢人姓氏及郡望之政策分爲二階段，其先則改山東郡望爲關隴郡望，且加以假託，使之與六鎮發生關係。其後則逕賜以胡姓，使繼鮮卑部落之後。迨周末隋文帝恢復漢姓之時，大抵僅迴至所改關隴郡望之第一階段，如隋唐皇室之郡望仍稱弘農隴西是也。關於北周隋唐人物之郡望，史家記載頗有紛歧，如李弼一族，周書、兩唐書弼孫密傳及新唐書宰相世系表俱屬之遼東襄平，而北史李弼傳及魏徵撰李密墓誌銘則又皆以爲隴西成紀人，究其所以紀述差異之故，蓋由先後史家依據其恢復不同之階段以立言所致，其餘可以類推，未能一一於此詳悉論列也。

又與此關隴物質本位政策相關之府兵制，當於後兵制章詳言之，於此不置論。茲舉一史料可以闡發當日北朝東西分峙之情勢者，以爲例證。

北齊書貳肆杜弼傳（北史伍伍杜弼傳略同）略云：

弼以文武在位罕有廉潔，言之於高祖（高歡）。高祖曰：「弼來！我語爾：天下濁亂，習俗已久，今督將家屬多在關西，黑獺常相招誘，人情去留未定，江東復有一吳兒老翁蕭衍者，專事衣冠禮樂，中原士大夫望之，以爲正朔所在。我若急作法網，不相饒借，恐督將盡投黑獺，士子悉奔蕭衍，則人物流散，何以爲國？」

觀高歡之用心，即知當日分爭鼎立之情勢，不能不有維繫人心之政策者矣。夫高歡所據之地，其富饒固能使武夫有所留戀，而鄴都典章文物悉繼太和洛陽之遺業，亦可令中原士族略得滿足，至關隴之地則財富文化兩俱不如，若勉强追隨，將愈相形見拙，故利用關中士族如蘇綽輩地方保守性之特長，又假借關中之本地姬周舊土，可以爲名號，遂毅然決然捨棄摹倣不能及之漢魏以來江左、山東之文化，而上擬周官之古制。蘇綽既以地方性之特長創其始，盧辯復以習於禮制竟其業者，實此之由也。否則宇文出於邊裔，漢化至淺，縱有政事之天才，寧具詩書之敎澤，豈可與巨君介甫諸人儒化者相比竝哉！然而其成敗所以與新宋二代不同者，正以其并非徒泥周官之舊文，實僅利用其名號，以暗合其當日現狀，故能收摹倣之功用，而少滯格不通之弊害，終以出於一時之權宜，故創制未久，子孫已不能奉行，遂漸改移，還依漢魏之舊，如周宣帝露門元旦受朝賀時，君臣皆服漢魏衣冠，即可以證明，此事已於前禮儀章論之，玆再舉一二事於下：

周書肆明帝紀（北史玖周本紀同）云：

武成元年秋八月己亥改天王稱皇帝，追尊文王爲帝，大赦改元。

同書叁伍崔猷傳（北史叁貳崔挺傳附猷傳略同）略云：

世宗即位，徵拜御正中大夫，時依周禮稱天王，又不建年號，猷以爲世有澆淳，運有治亂，故帝王以之沿革，聖哲因時制宜。今天子稱王，不足以威天下，請遵秦漢稱皇帝，建年號，朝議從之。世宗崩，遺詔立高祖，晉公護謂猷曰：「魯國公稟性寬仁，太祖諸子之中年又居長，今奉遵遺旨，翊戴爲主，君以爲何如？」猷對曰：「殷道尊尊，周道親親，今朝廷既尊周禮，無容輒違此義。」護曰：「天下事大，畢公冲幼耳。」猷曰：「昔周公輔成王以朝諸侯，況明公親賢莫二，若行周公之事，方爲不負顧託。」事雖不行，當時稱其守正。

寅恪案：周明帝世距始依周禮創建制度之時至近，即已改天王之號，遵秦漢稱皇帝，蓋民間習於皇帝之尊稱已久，忽聞天王之名，誠如崔猷所言「不足以威天下」，即不足以維持尊嚴之意，故不得不先改革之也。又宇文護不依周禮立子，而依殷禮立弟，亦不效周公輔成王者，所以適合當時現實之利害也。夫周禮原是文飾之具，故可不拘，宇文泰已如是，更何論宇文護乎？

周書貳叁蘇綽傳（北史陸叁蘇綽傳同）略云：

自有晉之季，文章競爲浮華，太子欲革其弊。因魏帝祭廟，羣臣畢至，乃命綽爲大誥，奏行之。自是之後文筆皆依此體。

通鑑壹伍玖梁紀中大同十一年（即西魏文帝大統十一年）六月丁巳魏主饗太廟條，胡注云：

宇文泰令蘇綽倣周書作大誥，其文尚在，使當時文章皆依此體，亦非所以崇雅黜浮也。

周書貳貳柳慶傳（北史陸肆柳虯傳附慶傳同）略云：

（大統）十年除尚書都兵郎中如故，并領記室。時北雍州獻白鹿，羣臣欲草表陳賀，尚書蘇綽謂慶曰：「近代以來文章華靡，逮於江左，彌復輕薄，洛陽後進，祖述不已。相公〔宇文泰〕柄民軌物，君職典文房，宜製此表，以革前弊。」慶操筆立成，辭兼文質，綽讀而笑曰：「枳橘猶自可移，況才子也。」

寅恪案：蘇綽作大誥在大統十一年。周書貳文帝紀（北史玖魏本紀同）載魏恭帝元年夏四月帝大饗羣臣，太祖（宇文泰）因柳虯之責難，令太常盧辯作誥諭公卿，其文體固無異蘇綽所作之大誥，但一檢周書肆明帝紀所載武成元年後之詔書，其體已漸同晉後之文，無復蘇綽所倣周誥之形似，可知此種矯枉過正之僞體，一傳之後，周室君臣即已不復遵用也。若更檢周書，則見明帝紀所載武成元年前一歲九月丁未帝幸同州故宅，賦詩曰：

玉燭調秋氣，金輿歷舊宮。還如過白水，更似入新豐。霜潭漬晚菊，寒井落疎桐。舉杯延故老，令聞歌大風。

則竟是南朝後期文士、北周羈旅曩臣如庾義城、王石泉之語，此豈宇文泰、蘇綽創造大誥文體時所及料者哉！

又近日論文者有以唐代貞元、元和古文運動乃遠承北朝蘇綽摹倣古體之遺風者，鄙意其說甚與事實不合。蓋唐代貞元、元和古文運動由於天寶亂後居留南方之文士對於當時政教之反動及民間俗體文之薰習，取古文之體，以試作小說，而卒底於成功者。此意嘗於論韓愈與唐代小說之關係一文（見哈佛亞細亞學報第二期）中略發之，以其與本書無涉，故不多及也。

茲所舉一二例已可證宇文泰摹古之制，身沒未久，其子孫已不能遵用，而復返於漢魏，漸與山東、江左混同，至隋氏繼其遺業，遂明顯不疑，一掃而幾盡去之。蓋周禮本其一時權宜文飾之過渡工具，而非其基本霸業永久實質之所在。此點固當於兵制章詳論之，然就職官一端，亦聞明此意，而知宇文所摹倣之周制其實質究爲如何也。

所謂周禮者乃託附於封建之制度也，其最要在行封國制，而不用郡縣制，又其軍隊必略依周禮夏官大司馬之文即大國三軍、次國二軍、小國一軍之制。今據周書、北史盧辯傳所載不改從周禮而仍襲漢魏之官職，大抵爲地方政府及領兵之武職，是宇文之依周官改制，大致亦僅限於中央政府之文官而已。其地方政府既仍襲用郡縣制，封爵只爲虛名，而不畀以土地人民政事，軍事則用府兵番衞制，集大權於中央，其受封藩國者，何嘗得具周官所謂大國三軍、次國二軍、小國一軍之設置乎？

又周書貳叁蘇綽傳（北史陸叁蘇綽傳同）略云：

又爲六條詔書奏施行之。其四擢賢良曰：「今刺史守令悉有僚吏，皆佐治之人也。刺史府官則命於天朝，其州吏以下並牧守自置，自昔以來，州郡大吏但取門資。夫門資者乃先世之爵祿，無妨子孫之愚瞽；今之選舉者當不限資蔭，唯在得人。苟得其人，自可起厮養而爲卿相，伊尹、傅說是也，而況州郡之職乎？苟非其人，則丹朱、商均雖帝王之胤，不能守百里之封，而況公卿之青乎？」

寅恪案：北朝自魏孝文以來，極力摹倣南朝崇尚門第之制（見魏書陸拾、北史肆拾韓麒麟傳附顯宗傳），而蘇綽實亦即宇文泰不尙門資之論，其在當時誠爲政治上一大反動。夫州郡僚吏之尙門資猶以爲非，則其不能亦不欲實行成周封建之制，以分散其所獲之政權，其事甚明，此宇文所以雖倣周禮以建官，而地方政治仍用郡縣之制，絕無成周封建之形似也。

又考晉書叁玖荀勖傳略云：

時又議省州郡縣半吏以赴農功，勖議以爲省吏不如省官，若欲省官，私謂九寺可幷於尙書，蘭臺宜省付三府，然施行歷代，世之所習，是以久抱愚懷，而不敢言。

然則漢魏以來中央政府職官重複，識者雖心知其非，祇以世之所習而不敢言，宇文之改革摹倣周禮託體甚高，實則僅實行其近代識者改革中央政府官制之議，而加以擴大，幷改易其名，以符周制耳。宇文創建周官之實質及其限度如此，論史者不可不正確認識者也。

前所謂第二事即唐六典之性質，兹略加闡明。關於此書之施行問題，四庫全書柒玖史部職官類唐六典提要已有正確之論斷，近日本西京東方文化研究所東方學報第柒册內藤乾吉氏復於其所著就唐六典施用一文詳爲引申，故六典一書在唐代施行之問題已大體解決，不必別更討論。但寅恪此書主旨在說明唐代官制近承楊隋，遠祖（北）魏、（北）齊而祧北周者，與周官絕無干涉，此事本甚易知，然世仍有惑於六典之形式，不明瞭其成書之原委，而生誤會，遂謂其得周官遺意者；則與寅恪所持之說不合，因不得不略舉史實，以爲證明。雖所舉材料不出四庫館臣所引之範圍，但彼等所討論者爲六典施行與否之問題，寅恪所考辨者爲唐代官制淵源系統之問題，主旨既別，材料即同，不妨引用也。

劉肅大唐新語玖著述類（參新唐書伍捌藝文志史部職官類六典三十卷注文及壹叁貳韋述傳，又程大昌考古編玖六典條）云：

開元十年玄宗詔書院撰六典以進，時張說爲麗正學士，以其事委徐堅。沈吟歲餘，謂人曰：「堅承乏已曾七度修書，有憑准，皆似不難，惟六典歷年措思，未知所從。」說又令學士毋嬰（煚）等檢前史職官，以今（令）式分入六司，以今朝六典象周官之制，然用功艱難，綿歷數載。其後張九齡委陸善經，李林甫委苑咸，至二十六年始奏上，百寮陳賀，迄今行之。

陳振孫書錄解題陸職官類唐六典叁拾卷（參晁公武郡齋讀書志柒職官類唐六典條）云：

題御撰，李林甫等奉勑注。按：韋述集賢記注，開元十年起居舍人陸堅被旨修六典，上手寫白麻紙凡六條，曰：「理、敎、禮、政、刑、事典，令以類相從，撰錄以進。」張說以其事委徐堅，思之歷年，未知所適；又委毋煚、余欽、韋述，始以令式分入六司，象周禮六官之制，其沿革並入注，然用功艱難；其後張九齡又以委苑咸，二十六年奏草上，至今在書院。〔武英殿聚珍本原注案：唐書藝文志張説以其事委徐堅，經歲無規制，乃命毋煚、余欽、咸廙、業孫、季良、韋述等參撰，及蕭嵩知院，加劉鄭蘭、蕭晟、盧若虛；張九齡知院，加陸善經；李林甫代九齡，加苑咸。委苑咸者，乃李林甫也。至云二十六年冬草上，考新舊唐書，九齡以二十四年罷政事，尋謫荆州，程大昌謂書成於九齡爲相之日，當在二十四年，林甫注成奏進，當在二十七年，故是書卷首止列林甫，而不及九齡也。」

今案新書百官志皆取此書，即太宗貞觀六年所定官令也。周官六職視周禮六典已有邦土邦事之殊，不可考證，唐志內外官與周制迥然不同，而强名六典，可乎？善乎范太史祖禹之言曰：「既有太尉、司徒、司空，而又有尙書省，是政出於二也。既有尙書省，而又有九寺，是政出於三也。」〔寅恪案：此上乃范祖禹唐鑑貳武德七年論文。〕本朝裕陵好觀六典，元豐官制盡用之，中書造命，門下審覆，尙書奉行，機事往往留滯，上意頗以爲悔云。

寅恪案：唐玄宗欲依周禮太宰六典之文，成唐六官之典，以文飾太平。帝王一時興到之舉，殆未嘗詳思唐代官制，近因（北）齊隋，遠祖漢魏，與周禮之制全不相同，難强爲傅會也。故以徐堅之學術經驗，七次修書，獨於此無從措手，後來修書學士不得已乃取唐代令式分入六司，勉强遷就，然猶用功歷年，始得畢事。今觀六典一書幷未能將唐代職官之全體分而爲六，以象周禮之制，僅取令式條文按其職掌所關，分別性質，約略歸類而已。其書只每卷之首列叙官名員數同於周禮之序官，及尙書省六部之文摹倣周禮，比較近似，至於其餘部分，則周禮原無此職，而唐代實有其官，儻取之以强附古經，則非獨眞面之迥殊，亦彌感騈枝之可去。徐堅有見於此，是以無從措手，後來繼任之人固明知其如是，但以奉詔修書，不能不敷衍塞責，即使爲童牛角馬、不今不古之書，亦有所不能顧，眞計出無聊者也。由此言之，依據唐六典不徒不足以證明唐代現行官制合於周禮，且轉能反證唐制與周禮其系統及實質絕無關涉，而此反證乃本書主旨之所在也。

又治史者若有因披覽六典尚書省六部職掌之文，而招現一種唐制實得周禮遺意之幻覺者，蓋由眩惑於名號所致，茲不欲詳辨，僅迻寫唐儒論武曌改制之言於此，亦可以理惑破幻矣。

唐會要伍柒尚書省分行次第條云：

> 武德令吏、禮、兵、民、刑、工等部。貞觀令吏、禮、民、兵、刑、工等部。光宅元年九月五日改爲六官，准周禮分，即今之次第乃是也。

通典貳叁職官典伍吏部尚書條周禮天官太宰掌建邦之六典，以佐王理邦國下注云：

> 變冢言太者，百官總焉，則謂之總宰，列職於王，則謂之太宰，宰主也。周公居攝，而作六典之職，以佐王理邦國。漢成帝初分尚書，置四曹，蓋因事設員，以司其務，非擬於古制也。至光武乃分爲六曹，迄於魏晉，或五或六，亦隨宜施制，無有常典。自宋齊以來，多定爲六曹，稍似周禮。至隋六部，其制益明。大唐武太后遂以吏部爲天官，戶部爲地官，禮部爲春官，兵部爲夏官，刑部爲秋官，工部爲冬官，以承周六官之制。若參詳古今，徵考職任，則天官太宰當爲尚書令，非吏部之任，今吏部之始宜出於夏官之司士。

四　刑律

律令性質本極近似，不過一偏於消極方面，一偏於積極方面而已。

太平御覽陸叁捌刑法部列杜預（晉）律序云：

律以定罪名，令以存事制。

唐六典陸刑部郎中員外郎條云：

凡律以正刑定罪，令以設範立制，格以禁違止邪，式以軌物程事。

新唐書伍陸刑法志序云：

唐之刑書有四：曰律、令、格、式。令者，尊卑貴賤之等數，國家之制度也。格者，百官之所常行之事也。式者，其所常守之法也。

夫漢代律令區別雖尚有問題，但本書所討論之時代，則無是糾紛之點，若前職官章所論即在職員令、官品令之範圍，固不待言也。又古代禮律關係密切，而司馬氏以東漢末年之儒學大族創建晉室，統制中國，其所制定之刑律尤爲儒家化，既爲南朝歷代所因襲，北魏改律，復采用之，輾轉嬗蛻，經由（北）齊隋，以至於唐，實爲華夏刑律不祧之正統，亦適在本書所討論之時代，故前禮儀章所考辨者大抵與之有關也。茲特以禮儀、職官、刑律三章先後聯綴，凡隋唐制度之三源而與刑律有涉者，讀者取前章之文參互觀之可也。

又關於隋唐刑律之淵源，其大體固與禮儀、職官相同，然亦有略異者二端：其第一事即元魏正始以後之刑律雖其所采用者諒止於南朝前期，但律學在江東無甚發展，宋齊時代之律學仍兩晉之故物也。梁陳時代之律學亦宋齊之舊貫也。隋唐刑律近承北齊，遠祖後魏，其中江左因子雖多，止限於南朝前期，實則南朝後期之律學與其前期無大異同。故謂「自晉氏而後律分南北二支，而南朝之律至陳併於隋，其祀遽斬」（程樹德先生後魏律考序所言）者固非，以元魏刑律中已吸收南朝前期因子在內也。但謂隋唐刑律頗采南朝後期之發展，如禮儀之比（見前禮儀章），則亦不符事實之言也。其第二事即北魏之初入中原，其議律之臣乃山東士族，頗傳漢代之律學，與江左之專守晉律者有所不同；及正始定律，既兼采江左，而其中河西之因子即魏晉文化在涼州之遺留及發展者，特爲顯著，故元魏之刑律取精用宏，轉勝於江左承用之西晉舊律，此點與禮儀、職官諸制度之演變稍異者也。請先證明第一事：

隋書貳伍刑法志略云：

晉氏平吳，九州寧一，乃令賈充大明刑憲，內以平章百姓，外以和協萬邦〔寅恪案：此句指晉律諸侯篇〕，寔曰輕平，稱爲簡易，是以宋齊方駕轥其餘軌。梁武初即位時議定律令，得齊時舊郎濟陽蔡法度家傳律學，云齊武時刪定郎王植之集注張（斐）、杜（預）舊（晉）律，合爲一書，凡一千五百三十條，事未施行，其文殆滅，法度能言之。於是以爲兼尚書删定郎，使損益植之舊本，以爲梁律。天監元年八月乃下詔曰：「律令不一，實難去弊，殺傷有法，昏墨有刑，此蓋常科，易爲條例，前王之律，後王之令〔寅恪案：此語見史記壹貳叄、漢書陸拾杜周傳，王或當作主也〕，因循創附，良各有以。若遊辭費句無取於實錄者，宜悉除之，求文指歸可適變者，載一家爲本，用衆家以附，景丁俱有，則去丁以存景，若景丁二事注釋不同，則二家兼載。咸使百司議其可不，取其可安，以爲標例，宜云：某等如干人同議，以此爲長，則定以爲梁律〔寅恪案：此爲當時流行之合本子句方法。見蔡元培先生六十五歲慶祝論文集拙著支愍度學說考及前中央研究院歷史語言研究所集刊第捌本第二分拙著讀洛陽伽藍記書後〕。」陳氏承梁季喪亂，刑典疏闊，及武帝即位，乃下詔搜舉良才，删改科令，於是稍求得梁時明法吏，令與尚書删定郎范泉參定律令，制律三十卷。其制唯重淸議禁錮之科，其獲賊帥及士人惡逆免死付治，聽將妻入役，不爲年數，又存贖罪之律，復父母緣坐之刑，自餘篇目條綱輕重繁簡一用梁法。

隋書陸陸裴政傳（北史柒柒裴政傳同）略云：

詔與蘇威等修定律令，政採魏晉刑典，下至齊梁，沿革輕重取其折衷，同撰著者十有餘人，凡疑滯不通，皆取決於政。〔前文已引〕

據此，南朝前期之宋齊二代既承用晉律，其後期之梁律復基於王植之之集注張斐、杜預晉律，而陳律又幾全同於梁律，則南朝前後期刑律之變遷甚少。北魏正始制定律令，南士劉芳爲主議之人，芳之入北在劉宋之世，則其所採自南朝者雖應在梁以前，但實與梁以後者無大差異可知。北魏、北齊之律輾轉傳授經隋至唐，是南支之律幷不與陳亡而俱斬也。又裴政本以江陵梁俘入仕北朝，史言其定隋律時下採及梁代，然則南朝後期之變遷發展當亦可浸入其中，恐止爲極少之限度，不足輕重耳。

證明第一事既竟，請及第二事：

魏書貳太祖紀（北史壹魏本紀同）略云：

天興元年十有一月詔三公郎中王德定律令，申科禁，吏部尚書崔玄伯（宏）總而裁之。〔參考魏書貳肆及北史貳壹崔玄伯傳〕

同書肆上世祖紀（北史貳魏本紀同）云：

神䴥四年冬十月戊寅詔司徒崔浩改定律令。

同書肆下世祖紀（北史貳魏本紀同）云：

眞君六年三月詔諸疑獄皆付中書，以經義量決。

正平元年六月詔曰：「夫刑網太密，犯者更衆，朕甚愍之，有司其案律令，務求厥中，自餘有不便於民者，依比增損。」詔太子少傅游雅、中書侍郎胡方回等改定律制。〔參考魏書伍肆、北史叁肆游雅傳及魏書伍貳、北史叁肆胡方回傳〕

魏書肆捌高允傳（北史叁壹高允傳同）略云：

（允）博通經史、天文、術數，尤好春秋公羊。（世祖）又詔允與侍郎公孫質、李虛、胡方回共定律令。初眞君中以獄訟留滯，始令中書以經義斷諸疑事。允據律評刑三十餘載，內外稱平。允所製詩賦、誄頌、箴論、表讚、左氏公羊釋、毛詩拾遺、論雜解、議何鄭膏肓事凡百餘篇，別有集行於世。

寅恪案：此北魏孝文太和以前即北魏侵入中原未久時間議定刑律之極簡紀述也。即就此極簡紀述中其議定刑律諸人之家世、學術、鄉里環境可以注意而略論之者，首爲崔宏、浩父子，此二人乃北魏漢人士族代表及中原學術中心也。其家世所傳留者實漢及魏晉之舊物。史紀拾文帝紀十三年五月齊太倉令淳于公有罪當刑條索隱引崔浩漢律序云：

文帝除肉刑，而宮不易。

據此，則浩必深通漢律者也。當日士族最重禮法。禮律古代本爲混通之學，而當時之學術多是家世遺傳，故崔氏父子之通漢律自不足怪。又崔浩與胡方回有關，方回出自西北，自中原經永嘉之亂，西北一隅爲保持漢魏晉學術之地域，方回之律學以事理推之，當亦漢律之系統，而與江左之專家用西晉刑律而其律家之學術不越張、杜之範圍者，要當有所不同也。高允在北魏爲崔浩之外第一通儒，史稱其尤好春秋公羊，其撰著中復有關於公羊春秋者，其議何鄭膏肓事今雖不傳，以其學派好尙言之，疑亦是爲公羊辯護者。考漢儒多以春秋決獄（參見程樹德先生九朝律考柒春秋決獄考），漢書藝文志有公羊董仲舒春秋治獄十六篇，允既篤好春秋公羊，其在中書三十餘年以經義斷獄，則其學術正是漢儒之嫡傳無疑（此點程樹德先生九朝律考壹伍後魏律序中已及之，其說甚諦，故特爲申述，不敢掠美也）。斯又江左之律學所無者也。又游雅之律學其傳授始末雖無可考，然據魏書北史魏世祖紀、高允傳、游雅傳等，知魏太武神䴥四年九月壬申詔徵諸人如范陽盧玄、勃海高允、廣平游雅等皆當日漢人中士族領袖，其詔書稱之爲「賢儁之胄，冠冕州邦」。夫所謂「賢儁之胄」者，即具備鄙說所謂家世傳留之學術之第一條件；所謂「冠冕州邦」者，即具備鄙說所謂地方環境薰習之第二條件。觀游雅之高自矜誕，及高允之特別重雅，則雅之家世學術必非庸泛。雅既與正平定律之役，而其從祖弟明根復又參定律令幷定律令之勤，得布帛一千匹、穀一千斛之厚賜，明根子肇既徵爲廷尉少卿，後又徙爲廷尉卿，以持法仁平知名（俱見魏書伍伍北史叁肆游明根、游肇傳）。夫漢魏之時法律皆家世之學，故後漢書柒陸郭躬傳略云：

順帝時廷尉河南吳雄季高以明法律斷獄，起自孤宦，致位司徒，及子訢、孫恭三世廷尉，爲法名家。

及同書捌肆楊震傳附楊賜傳載賜以世非法家，固辭廷尉之職。又南齊書貳捌崔祖思傳（南史肆柒崔祖思傳略同）略云：

上〔齊高帝〕初即位，祖思啓陳政事曰：「憲律之重由來尙矣，實宜清置廷尉，茂簡三官。漢來治律子孫並世其業，聚徒講授至數百人，故張于二氏絜譽文宣之世，陳郭兩族流稱武明之朝，決獄無寃，慶昌枝裔，槐衮相襲，蟬紫傳輝。今廷尉律生乃令史門戶，族非咸弘，庭缺于訓，刑之不措，抑此之由。如詳擇篤厚之士，使習律令，試簡有徵，擢爲廷尉僚屬，苟官世其家，而不美其績，鮮矣。若劉累傳守其業，庖人不乏龍肝之饌，斷可知矣。」

後漢書玖貳鍾皓傳略云：

鍾皓，潁川長社人也。爲郡著姓，世善刑律，以詩律教授，門徒千餘人。皓孫繇。

章懷注引海內先賢傳曰：「繇，主簿迪之子也。」

魏志壹叁鍾繇傳注引先賢行狀略云：

鍾皓博學詩律，教授門生千有餘人，二子：迪、敷。繇則迪之孫。

同書同卷鍾繇傳略云：

魏國初建，爲大理，遷相國；文帝即王位，復爲大理；及踐阼，改爲廷尉。子毓。（曹）爽既誅，入爲御史中丞侍中廷尉。聽君父已沒，臣子得爲理謗，及士爲侯，其妻不復配嫁，毓所創也。

魏志貳捌鍾會傳略云：

鍾會，太傅繇少子也。及會死後，於會家得書二十篇，名曰道論，而實刑名家也。

由此言之（其例證詳見程著九朝律考捌漢律家考及玖魏律家考，玆不贅），游氏之議定法令，任廷尉卿，恐猶是當時中原士族承襲漢魏遺風，法律猶爲家世相傳之學，觀崔祖思之論，可知江左士族其家世多不以律學相傳授，此又河北、江東之互異者也。又魏書叁叁公孫表傳（北史貳柒公孫表傳同）略云：

初太祖以慕容垂諸子分據勢要，權柄推移，遂至滅亡，且國俗敦樸，嗜欲寡少，不可啓其機心，而導其利巧，深非之。表承指上韓非書二十卷，太祖稱善。第二子軌，軌弟質。

魏書、北史雖不載公孫質律學傳授由來，然即就公孫表傳表上韓非書一端言，其事固出於迎合時主意旨，或者法家之學本公孫氏家世相承者，亦未可知也。

總之，拓跋部落入主中原，初期議定刑律諸人多爲中原士族，其家世所傳之律學乃漢代之舊，與南朝之顓守晉律者大異也。

北魏孝文太和時改定刑律共有二次，第一次所定者恐大抵爲修改舊文，使從輕典，其所採用之因子似與前時所定者無甚不同。第二次之所定，則河西因子特爲顯著。至宣武正始定律河西與江左二因子俱關重要，於是元魏之律遂匯集中原、河西、江左三大文化因子於一爐而冶之，取精用宏，宜其經由北齊，至於隋唐，成爲二千年來東亞刑律之準則也。玆略引史載北魏太和正始數次修律始末以論證之。其關於河西文化者，可參閱前禮儀章。

魏書柒高祖紀（北史叁魏本紀同）云：

太和元年九月乙酉詔羣臣定律令於太華殿。

同書肆捌高允傳（北史叁壹高允傳同）略云：

明年〔太和三年〕詔允議定律令。

同書壹壹壹刑法志略云：

（太和）三年下詔曰：「治因政寬，弊由網密，今候職千數，姦巧弄威，重罪受賕不列，細過吹毛而舉，其一切罷之。」於是更置謹直者數百人，以防諠鬭於街術，吏民各安其職業。先是以律令不具，姦吏用法致有輕重，詔中書令高閭集中祕官等修改舊文，隨例增減，又勑羣官參議厥衷，經御刊定，五年冬訖，凡八百三十二章。

寅恪案：此太和第一次定律，其議律之人如高允、高閭等（參魏書伍肆、北史叁肆高閭傳）皆中原儒士，保持漢代學術之遺風者，前已言之矣。

魏書柒下高祖紀（北史叁魏本紀同）云：

太和十五年五月己亥議改律令，於東明觀折疑獄。八月丁巳議律令事。

十六年四月丁亥朔班新律令，大赦天下。五月癸未詔羣臣於皇信堂更定律條流徒限制，帝親臨決之。

十七年二月乙酉詔賜議律令之官各有差。

寅恪案：魏書、北史李沖傳云：

及議禮儀律令，潤飾辭旨，刊定輕重，高祖雖自下筆，無不訪決焉。〔前文已引〕

此新律孝文雖自下筆，而備咨訪取決者，實爲李沖。前代史籍多以制作大典歸美君主，實則別有主撰之人，如清代聖祖御製諸書即其例也。然則此太和新律總持之主人乃李沖非孝文也。沖之與河西關係前已詳論，茲不復贅。又魏書、北史源賀傳附懷傳云：

思禮後賜名懷，遷尚書令，參議律令。〔前文已引〕

源氏雖非漢族，亦出河西，其家子孫漢化特深，至使人詈爲漢兒（見前引北史源師傳）。然則源懷之學亦猶李沖之學，皆河西文化之遺風。太和第二次定律河西因子居顯著地位，觀此可知矣。又有可注意者，即太和新律已於太和十六年四月頒行，其時猶在王肅北奔前之一歲。蓋太和定律，江東文化因素似未能加入其中，恐亦由此未能悉臻美備，遂不得不更有正始定律之舉歟？

魏書捌世宗紀（北史肆魏本紀同）云：

正始元年十有二月己卯詔羣臣議定律令。

同書陸玖袁翻傳（北史肆柒袁翻傳同）略云：

袁翻，陳郡項人也。父宣有才筆，爲劉彧青州刺史沈文秀府主簿。皇興中東陽州平，隨文秀入國，而大將軍劉昶每提引之，言是其外祖淑之近親，令與其府諮議參軍袁濟爲宗。翻少以才學擅美一時，正始初詔尚書門下於金墉中書外省考論律令，翻與門下錄事常景、孫紹，廷尉監張虎，律博士侯堅固，治書侍御史高綽，前軍將軍邢苗，奉車都尉程靈虯，羽林監王元龜，尚書郎祖瑩、宋世景，員外郎李琰之，太樂令公孫崇等並在議限。又詔太師彭城王勰、司州牧高陽王雍、中書監京兆王愉、前青州刺史劉芳、左衛將軍元麗、兼將作大匠李韶、國子祭酒鄭道昭、廷尉少卿王顯等入預其事。

同書壹壹壹刑罰志云：

世宗即位，意在寬政。正始元年冬詔曰：「議獄定律有國攸慎，輕重損益世或不同，先朝垂心憲典，刊革令軌，但時屬征役，未之詳究，施於時用，猶致疑舛。尚書門下可於中書外省論律令，諸有疑事斟酌新舊，更加思理，增減上下必令周備，隨有所立，别以申聞，庶於循變協時，永作通制。」

寅恪案：抽繹正始議律之詔語，知於太和新律意有所不滿，故此次之考論必於太和新律所缺乏之因子當有彌補，而太和新律中江左因子最少，前已言及，今正始修律議者雖多，但前後實主其事者劉芳、常景二人而已。二人魏書、北史俱有傳，前禮儀章已將其傳文節引之矣。茲不復詳悉重出，但略述最有關之語以資論證。考劉芳本南朝士族以俘虜入魏，其律學自屬江左系統無疑。魏書北史芳傳云：

（自青州刺史）還朝，議定律令，芳斟酌古今，爲大議之主，其中損益多芳意也。〔前文已引〕

據此，正始議律芳實爲其主持者，其所以委芳以主持之任者，殆不僅以芳爲當世儒宗，實欲藉以輸入江左文化，使其益臻美備，而補太和新律之缺憾耶？至此次與議之袁翻其以江左士族由南入北，正與劉芳同類，其律學亦爲南學，更無待論也。

洛陽伽藍記壹城內永寧寺條略云：

（常）景字永昌，河內人也。敏學博通，知名海內。太和十九年爲高祖所器，拔爲律學博士，刑法疑獄多訪於景。正始初詔刊律令，永作通式，敕景共治書侍御史高僧裕、羽林監王元龜、尙書郎祖瑩、散騎侍郎李琰之等撰集其事，又詔彭城王勰、青州刺史劉芳入預其議。景討正科條，商推古今，甚有倫序，見行於世，今律二十篇是也。

寅恪案：前禮儀章引常爽、常景父子傳，知其家世本出涼州，爽爲當日大師，代表河西文化，景之起家爲律博士，尤足徵刑律爲其家世之學也。魏書、北史常景傳又謂：

先是太常劉芳與景等撰朝令，未及班行，別典儀注，多所草創，未成，芳卒，景纂成其事。及世宗崩，召景（自長安）赴京，還修儀注，又敕撰太和之後朝儀已施行者，凡五十餘卷。永熙二年監議（五禮）〔依徐崇說補〕事。〔前文已引〕

此事固與刑律有別，但可知景爲繼劉芳之人，爲當日禮儀、刑律之所從出，其在元魏末期法制史上地位之重要，自可知也。至程靈虬者，程駿之子（魏書、北史程駿傳，前文已引），家世本出涼州，駿爲河西大儒劉昞之門人，靈虬又從學常爽，故靈虬刑律之學亦河西之流派也。

總之，元魏刑律實綜匯中原士族僅傳之漢學及永嘉亂後河西流寓儒者所保持或發展之漢魏晉文化，并加以江左所承西晉以來之律學，此誠可謂集當日之大成者。若就南朝承用之晉律論之，大體似較漢律爲進化，然江左士大夫多不屑研求刑律，故其學無大發展。且漢律之學自亦有精湛之義旨，爲江東所墜失者，而河西區域所保存漢以來之學術，別自發展，與北魏初期中原所遺留者亦稍不同，故北魏前後定律能綜合比較，取精用宏，所以成此偉業者，實有其廣收博取之功，幷非偶然所致也。

北齊刑律最爲史家所稱，隋書貳伍刑法志略云：

河淸三年尚書令趙郡王叡等奏上齊律十二篇，又上新令四十卷，大抵採魏晉故事。是後法令明審，科條簡要。又勅仕門子弟常講習之，齊人多曉法律，蓋由此也。

（周律）比於齊法，煩而不要。

故齊律之善於周律不待詳論。但程樹德先生九朝律考壹柒北齊律考序云：

推原其故，蓋高氏爲勃海蓨人。勃海封氏世長律學，封隆之參定麟趾格，封繪議定律令，而齊律實出於封繪之手，祖宗家法俱有淵源。

寅恪案：程氏之說以高齊皇室與封氏同鄉里，而封氏又世長律學，似欲取家世及鄉里二端以解釋齊律所以美備之故。鄙意封氏世傳律學，本南北朝學術中心移於家族之一例，其與高齊帝室同出渤海，則一偶然之事，實無相關之必然性也。竊謂齊律之美備殆由承襲北魏刑律之演進所致，並非由皇室鄉里之特殊之原因。北齊刑律較優於南朝，前已言之，北齊之典章制度既全部因襲北魏，刑律亦不能獨異，故此乃全體文化之承繼及其自然演進之結果，觀於前論禮儀、宮城、職官諸制度可以證明。程氏專考定律始末，僅就高齊與封氏同鄉里一端立說，恐失之稍隘也。

北周制律，强摹周禮，非驢非馬，與其禮儀、職官之制相同，已於前職官章詳論之，茲不復贅。

故隋受周禪，其刑律亦與禮儀、職官等皆不襲周而因齊，蓋周律之矯揉造作，經歷數十年而天然淘汰盡矣。

隋書貳伍刑法志略云：

　　高祖既受周禪，開皇元年乃詔尙書左僕射高熲等更定新律奏上之，多採後齊之制，而頗有損益。三年又勅蘇威、牛弘更定新律，自是刑網簡要，疎而不失。

唐承隋業，其刑律又因開皇之舊本，唐會要叁玖定格令門（參考舊唐書伍拾刑法志）云：

　　武德元年六月十一日詔劉文靜與當朝通識之士因隋開皇律令而損益之，遂制爲五十三條，務從寬簡，取便於時。其年十一月四日頒下，仍令尙書令左僕射裴寂、吏部尙書殷開山、大理卿郎楚之、司門郎中沈叔安、內史舍人崔善爲等更撰定律令，十二月十二日又加內史令蕭瑀、禮部尙書李綱、國子博士丁孝烏等同修之，至七年三月二十九日成，詔頒於天下。大略以開皇爲准，正五十三條，凡律五百條，格入於新律，他無所改正。

寅恪案：唐律因於隋開皇舊本，隋開皇定律又多因北齊，而北齊更承北魏太和正始之舊，然則其源流演變固瞭然可考而知也。茲就唐律中略舉其源出北齊最顯而易見之例數則，以資參考。

唐律疏議壹名例篇云：

　　魏因漢律爲一十八篇，改漢具律爲刑名第一。晉命賈充等增損魏律爲二十篇，於魏刑名律中分爲法例律，宋、齊、梁、後魏因而不改。爰至北齊併刑名、法例爲名例，後周復爲刑名。

隋因北齊，更爲名例；唐因於隋，因而不改。

寅恪案：此隋唐律因北齊而不襲後周之一例證。

同書柒衞禁篇云：

衞禁律者，秦漢及魏未有此篇，晉賈充酌漢魏之律，隨事增損，創制此篇，名宮衞律，自宋洎於後周此名並無所改。至於北齊，將關禁附之，更名禁衞律，隋開皇改爲衞禁律。

寅恪案：此隋唐律因北齊而不襲後周之又一例證。

同書壹貳戶婚篇云：

戶婚律，漢相蕭何承秦六篇律後加廄興戶三篇，爲九章之律；迄至後周，皆名戶律；北齊以婚事附之，名婚戶律；隋開皇以戶在婚前，改爲戶婚律。

寅恪案：此爲隋唐律承北齊而不襲後周之又一例證。

同書貳壹鬭訟篇云：

從秦漢至晉，未有此篇。至後魏太和年分擊訊律爲鬭律，至北齊以訟事附之，名爲鬭訟律，後周爲鬭競律，隋開皇依齊鬭訟名，至今不改。

寅恪案：此隋唐律因北齊不襲後周之又一例證。

同書貳捌捕亡篇云：

捕亡律者，魏文侯之時李悝制法經六篇，捕法第四，至後魏名捕亡律，北齊名捕斷律，後周名逃捕律，隋復名捕亡律。

又同書貳玖斷獄篇云：

斷獄律之名起自於魏，魏分李悝囚法，而出此篇。至北齊，與捕亡律相合，更名捕斷律。至後周復爲斷獄律。

寅恪案：初觀此有似隋制律時此點不因北齊而轉承後周者，但詳繹之，則由北齊律合後魏律之捕亡與斷獄爲一，名捕斷律，隋律之復析爲二，實乃復北魏之舊，非意欲承北周也。然則據此轉可證明北魏、北齊、隋、唐律爲一系相承之嫡統，而與北周律無涉也，恐讀者有所疑滯，特爲之附辨於此。

五 音樂

今論隋唐音樂之淵源，其雅樂多同於禮儀，故不詳及，惟有涉誤會及前所未論者乃解釋補充之。至胡樂則論述較詳，蓋自來中外學人考隋唐胡樂之源流者，其著撰大抵關於唐代直接輸入之胡樂及隋代鄭譯七調出於北周武帝時龜茲人蘇祇婆之類，皆已考證詳碻，此本章所不欲重論者。本章所欲論者，在證述唐之胡樂多因於隋，隋之胡樂又多傳自北齊，而北齊胡樂之盛實由承襲北魏洛陽之胡化所致。因推究其淵源，明述其系統，毋使考史者僅見鄭譯七調之例，遂誤以爲隋唐胡樂悉因於北周也。

隋書壹肆音樂志略云：

開皇二年齊黃門侍郎顏之推上言：「禮崩樂壞，其來自久，今太常雅樂並用胡聲，請馮梁國舊事，考尋古典。」高祖不從曰：「梁樂亡國之音，奈何遣我用耶？」是時尚因周樂，命工人齊樹提檢校樂府，改換聲律，益不能通。俄而柱國沛公鄭譯奏上請修更正，於是詔太常卿牛弘、國子祭酒辛彥之、國子博士何妥等議正樂，然淪謬既久，積年議不定，高祖大怒曰：「我受天命七年，樂府猶歌前代功德耶？」

寅恪案：此條所紀有應解釋補充者數事，即顔之推所謂「今太常雅樂並用胡聲」之語指隋書壹肆音樂志所載：

（周）太祖輔魏之時，高昌欵附，乃得其伎，教習以備饗宴之禮。及天和六年，武帝罷掖庭四夷樂，其後帝娉皇后於北狄，得其所獲康國、龜茲等樂，更雜以高昌之舊，並於大司樂習焉，採用其聲，被於鍾石，取周官制以陳之。

一節，蓋周之樂官採用中央亞細亞之新樂也。但志謂高祖以梁樂爲亡國之音，不從顔之推之請，似隋之雅樂不採江左之舊者，則實不然。隋書壹伍音樂志略云：

開皇九年平陳，獲宋齊舊樂，詔於太常置淸商署以管之，求陳太樂令蔡子元、于普明等，復居其職。由是牛弘奏曰：「前克荊州，得梁家雅曲，今平蔣州，又得陳氏正樂，史傳相承，以爲合古，且觀其曲體，用聲有次，請修緝之，以備雅樂。其後魏洛陽之曲，據魏史云太武平赫連昌所得，更無明證，後周所用者皆是新造，雜有邊裔之聲，戎音亂華，皆不可用，請悉停之。」晉王廣又表請，帝乃許之。牛弘遂因鄭譯之舊，又請依古五聲六律旋相爲宮，高祖猶憶（何）妥言（寅恪案：何妥非十二律旋相爲宮義，見隋書壹肆音樂志），注弘奏下不許作旋宮之樂，但作黃鍾一宮而已。於是牛弘及祕書丞姚察、通直散騎常侍許善心、儀同三司劉臻、通直郎虞世基更共詳議。十四年三月樂定（參隋書貳高祖紀開皇十四年三月乙丑詔書）。祕書監奇章縣公牛弘，祕書丞北絳郡公姚察，通直散騎常侍虞部侍郎許善心，兼內史舍人虞世基，儀同三司東宮學士饒陽伯劉臻等奏曰：「金陵建社，朝士南奔，帝則皇規粲然更備，與內原〔寅恪案：內原即中原，隋諱嫌名故改〕隔絕，三百年於茲矣。伏惟明聖膺期，會昌在運，今南征所獲梁陳樂人及晉宋旗章宛然俱至，臣等伏奉明詔，詳定雅樂，博訪知音，旁求儒彥，研校是非，定其去就，取爲一代正樂，具在本司。」於是幷撰歌辭三十首，詔並令施用。

據此，則隋制雅樂，實採江東之舊，蓋雅樂系統實由梁陳而傳之於隋也。其中議樂諸臣多是南朝舊人，其名氏事迹前已述及者，茲從略省，惟補記前文所未載者如下：

陳書貳柒姚察傳（南史陸玖姚察傳同）略云：

姚察，吳興武康人也。九世祖信吳太常卿，有名江左。（梁）元帝於荆州即位，授察原鄉令。（陳後主世）遷吏部尚書。陳滅入隋，開皇九年詔授祕書丞。

北齊書肆伍文苑傳顏之推傳（北史捌叁文苑傳顏之推傳同）略云：

顏之推，琅邪臨沂人也。九世祖含從晉元東度，官至侍中右光祿西平侯；父勰梁湘東王繹鎮西府諮議參軍。（湘東王）繹遣世子方諸出鎮郢州，以之推掌管記，值侯景陷郢州，被囚送建業，景平，還江陵，時繹已立，以之推爲散騎侍郎奏舍人事。後爲周軍所破，大將軍李顯重之，令掌其兄陽平公慶遠書幹，值河水暴長，具船將妻子來奔。（後）除黃門侍郎，齊亡入周，隋開皇中太子召爲學士。

隋書柒陸文學傳劉臻傳（北史捌叁文苑傳劉臻傳同）略云：

劉臻，沛國相人也。父顯，梁尋陽太守。臻爲邵陵王東閤祭酒，元帝時遷中書舍人。江陵陷，復歸蕭詧，以爲中書侍郞。周冢宰宇文護辟爲中外府記室，後歷藍田令畿伯下大夫。高祖受禪，進位儀同三司。

寅恪案：姚察、顔之推、劉臻皆江左士族，梁陳舊臣，宜之推請依梁舊事，以考古典，察、臻等議定隋樂，以所獲梁陳樂人備研校，此乃隋開皇時制定雅樂兼采梁陳之例證也。

隋書壹伍音樂志略云：

始開皇初定令，置七部樂：一曰國伎，二曰清商伎，三曰高麗伎，四曰天竺伎，五曰安國伎，六曰龜茲伎，七曰文康伎；又雜有疏勒、扶南、康國、百濟、突厥、新羅、倭國等伎。及大業中，煬帝乃定清樂、西涼、龜茲、天竺、康國、疏勒、安國、高麗、禮畢以爲九部樂，器工依創造，既成，大備於茲矣。

清樂，其始即清商三調是也。並漢來舊曲，樂器形制幷歌章古辭與魏三祖所作者皆被於史籍，屬晉朝遷播，夷羯竊據，其音分散。苻永固〔寅恪案：苻堅字永固，此避隋諱改〕平張氏，始於涼州得之。宋武平關中，因而入南，不復存於內地，及平陳後獲之。高祖聽之，善其節奏，曰：「此華夏正聲也。」其樂器有鐘、磬、琴、瑟、擊琴、琵琶、箜篌、筑、箏、節鼓、笙、笛、簫、篪、塤等十五種爲一部，工二十五人。

寅恪案：此隋定樂兼采梁陳之又一例證也，此部樂器中既有琵琶、箜篌，是亦有胡中樂器，然則亦不得謂之純粹華夏正聲，蓋不過胡樂之混雜輸入較先者，往往使人不能覺知其爲輸入品耳。同書同卷音樂志略云：

西涼者起苻氏之末，呂光、沮渠蒙遜等據有涼州，變龜茲聲爲之，號爲秦漢伎；魏太武既平河西得之，謂之西涼樂；至魏周之際遂謂之國伎。今曲項琵琶、豎頭箜篌之徒並出自西域，非華夏舊器。

寅恪案：此河西文化影響北魏遂傳至隋之一例證，其系統淵源，史志之文尤明顯矣。至云魏周之際遂謂之國伎，則流傳既久，渾亡其外來之性質，凡今日所謂國粹者頗多類此，如國醫者是也，以非本書範圍，故不置論。

隋書壹伍音樂志略云：

龜茲者起自呂光，滅龜茲，因得其聲。呂氏亡，其樂分散，後魏平中原，復獲之。其聲後多變易，至隋有西國龜茲、齊朝龜茲、土龜茲等，凡三部。開皇中其器大盛於閭閈，時有曹妙達、王長通、李士衡、郭金樂、安進貴等，皆妙絕弦管，新聲奇變，朝改暮易，持其音伎，估衒公王之間，舉時爭相慕尚。高祖病之，謂羣臣曰：「聞公等皆好新變，所奏無復正聲，此不祥之大也。公等對親賓宴飲，宜奏正聲，聲不正，何可使兒女聞也。」帝雖有此勑，而竟不能救焉。煬帝大製豔篇，辭極淫綺，令樂正白明達造新聲，帝悅之無已，因語明達云：「齊氏偏隅，曹妙達猶自封王，我今天下大同，欲貴汝，宜自修謹！」

寅恪案：隋代上自宮廷，下至民衆，實際上最流行之音樂，即此龜茲樂是也。考龜茲樂多傳自北齊，如曹妙達者，固是齊人也。隋書壹叁音樂志略云：

> 煬帝矜奢，頗玩淫曲，御史大夫裴蘊揣知帝情，奏括周、齊、梁、陳樂工子弟及人間善聲調者凡三百餘人，並付太樂，倡優獶雜咸來萃止。其哀管新聲淫絃巧奏，皆出鄴城之下，高齊之舊曲云。

觀此，則知隋世之音樂實齊樂也。又其所謂「倡優獶雜」者即隋書壹伍音樂志之

> 始齊武平中有魚龍爛漫、俳優朱儒、山車巨象、拔井種瓜、殺馬剝驢等奇怪異端百有餘物，名爲百戲。周時鄭譯有寵於宣帝，奏徵齊散樂人並會京師爲之，蓋秦角抵之流者也，開皇初並放遣之。及大業二年突厥染干來朝，煬帝欲誇之，總追四方散樂大集東都。

一節所言之散樂，亦即齊之百戲也。又隋代不僅俗樂即實際流行之音樂出於北齊，即廟堂雅奏亦受齊樂工之影響。如隋書壹伍音樂志云：

> 高祖遣內史侍郎李元操、直內史省盧思道等列清廟歌辭十二曲，令齊樂人曹妙達於太常教習，以代周歌。

可證也，考北齊盛行之樂皆是胡樂，隋書壹肆音樂志述齊代音樂略云：

> 雜樂有西涼、鼙舞、清樂、龜茲等，然吹笛、彈琵琶、五弦歌舞之伎自文襄以來皆所愛好，至河清以後傳習尤盛。後主唯賞胡戎樂，耽愛無已，於是繁手淫聲爭新哀怨，故曹妙達、安未弱、安馬駒之徒至有封王開府者。

寅恪案：曹、安等皆西胡氏族也，北齊之宮廷尤其末年最爲西域胡化，其關於政治及其他伎術者，茲置不論。即觀北齊書伍拾恩倖傳（北史玖貳恩幸傳同）所載關於音樂歌舞者，可知皆出於西胡之族類也，如傳序略云：

西域醜胡龜茲雜伎封王者接武，開府者比肩。胡人樂工叨竊貴幸，今亦出焉。

傳末略云：

又有史醜多之徒胡小兒等數十，咸能舞工歌，亦至儀同開府封王。至於胡小兒等眼鼻深險，一無可用。

然則北齊宮廷胡化音樂勢力之廣大有如是者，更可注意者，即恩倖傳韓鳳傳云：

壽陽陷沒，鳳與穆提婆聞告敗，握槊不輟曰：「他家物，從他去。」後帝使於黎陽臨河築城戍曰：「急時且守此作龜茲國子，更可憐人生如寄，唯當行樂，何因愁爲？」君臣應和若此。

夫握槊西胡戲也，龜茲西域國也，齊室君臣於存亡危急之秋猶應和若此，則其西胡化之程度可知，何怪西胡音樂之大盛於當時，而傳流於隋代也。鄙意北齊鄴都所以如此之西胡化者，其故實爲承襲北魏洛陽之遺風，洛陽伽藍記叁城南永橋以南圜丘以北伊洛之間夾御道有四夷館條云：

西夷來附者處崦嵫館，賜宅慕義里。自葱嶺以西至於大秦，百國千城莫不歎附，商胡販客日奔塞下，所謂盡天地之區矣。樂中國土風因而宅者，不可勝數，是以附化之民萬有餘家，門巷修整，閶闔塡列，青槐蔭陌，綠柳垂庭，天下難得之貨，咸悉在焉。

又同書同卷菩提寺條云：

菩提寺，西域胡人所立也，在慕義里。

蓋北魏洛陽既有萬餘家之歸化西域胡人居住，其後東魏遷鄴，此類胡人當亦隨之移徙，故北齊鄴都西域胡化尤其胡樂之盛必與此有關。否則齊周東西隔絕，若以與西域交通論，北周領土更爲便利，不應北齊宮廷胡小兒如是之多，爲政治上一大勢力，而西域文化如音樂之類北齊如是之盛，遂至隋代猶承其遺風也。故隋之胡樂大半受之北齊，而北齊鄴都之胡人胡樂又從北魏洛陽轉徙而來，此爲隋代胡樂大部分之系統淵源，前人尙未論及，因爲備述之如此。

至唐初音樂之多承隋舊，其事甚顯，故不多述，僅節錄唐會要之文如下（參考舊唐書貳捌音樂志、新唐書貳壹禮樂志等）：

唐會要叁貳雅樂條略云：

高祖受禪，軍國多務，未遑改創，樂府尙用隋代舊文。

同書叁叁讌樂條略云：

武德初未暇改作，每讌享因隋舊制，奏九部樂：一讌樂，二淸商，三西涼，四扶南，五高麗，六龜茲，七安國，八疏勒，九康國。

寅恪案：唐之初期其樂之承隋亦猶禮之因隋，其系統淵源，蓋無不同也。若其後之改創及直接從西域輸入者則事在本章主旨範圍之外，故置不論。

六 兵制

（此章本題爲府兵制前期史料試釋，載前中央研究院歷史語言研究所集刊第柒本第叁分，茲略增訂，以爲此書之一章。）

（壹）

府兵之制起於西魏大統，廢於唐之天寶，前後凡二百年，其間變易增損者頗亦多矣。後世之考史者於時代之先後往往忽略，遂依據此制度後期即唐代之材料，以推説其前期即隋以前之事實，是執一貫不變之觀念，以説此前後大異之制度也，故於此中古史最要關鍵不獨迄無發明，復更多所誤會。夫唐代府兵之制，吾國史料本較完備，又得日本養老令之宮衞軍防諸令條，可以推比補充，其制度概略今尚不甚難知。惟隋以前府兵之制，則史文缺略，不易明悉，而唐人追述前事，亦未可盡信。茲擇取此制前期最要之史料，試爲考釋，其間疑滯之義不能通解者殊多，又所據史籍，皆通行坊刻，未能與傳世善本一一詳校，尤不敢自謂有所創獲及論斷也。

（貳）

北史陸拾（周書壹陸同，但無「每一團儀同二人」至「並資官給」一節，又通典貳捌職官典拾將軍總叙條及叁肆職官典壹陸勳官條略同）云：

初魏孝莊帝以爾朱榮有翊戴之功，拜榮柱國大將軍，位在丞相上。榮敗後，此官遂廢。大統三年，魏文帝復以周文帝建中興之業，始命爲之。其後功參佐命、望實俱重者亦居此職，自大統十六年已前任者凡有八人。周帝位總百揆，都督中外軍事，魏廣陵王欣元氏懿戚，從容禁闥而已，此外六人各督二大將軍，分掌禁旅，當爪牙禦侮之寄，當時榮盛莫與爲比，故今之稱門閥者咸推八柱國家。今並十二大將軍錄之於左：

使持節太尉柱國大將軍大都督尚書左僕射隴右行臺少師隴西郡開國公李虎〔略〕與周文帝爲八柱國。

使持節大將軍大都督少保廣平王元贊。〔略〕

是爲十二大將軍。每大將軍督二開府，凡爲二十四員，分團統領，是二十四軍。每一團儀同二人，自相督率，不編戶貫，都十二大將軍。十五日上，則門欄陛戟，警晝巡夜；十五日下，則教旗習戰，無他賦役，每兵唯辦弓刀一具，月簡閱之，甲槊戈弩並資官給。自大統十六年以前十二大將軍外，念賢及王思政亦拜大將軍，然賢作牧隴右，思政出鎮河南，並不在領兵之限。此後功臣位至柱國及大將軍者衆矣，不限此秩〔「不限此秩」，周書及通典俱作「咸是散秩」〕，無所統御。六柱國十二大將軍之後有以位次嗣掌其事者，而德望素在諸公之下，並不得預於此例。

玉海壹叁捌兵制叁引鄴侯家傳云：

初置府不滿百，每府有郎將主之，而分屬二十四軍，每府一人將焉。每二開府屬一大將軍，二大將軍屬一柱國大將軍，仍加號持節大都督以統之。時皇家太祖景皇帝〔李虎〕爲少師隴右行臺僕射隴西公，與臣五代祖𥧌、太保大司徒趙郡公及大宗伯趙貴、大司馬獨孤信、大司寇于謹、大司空侯莫陳崇等六家主之，是爲六柱國，其有衆不滿五萬。初置府兵，皆於六戶中等已上家有三丁者，選材力一人，免其身租庸調，郡守農隙教試閱，兵仗衣、馱牛驢及糗糧六家共備，撫養訓導，有如子弟，故能以寡克衆。自初屬六柱國家，及分隸十二衛，皆選勳德信臣爲將軍。

寅恪案：通鑑壹陸叁梁簡文帝大寶元年即西魏文帝大統十六年紀府兵之緣起，即約略綜合上引二條之文，別無其他材料。惟「六家共備」今所見諸善本俱作「六家供之」，當非誤刊（參考章鈺先生胡刻通鑑正文校宋記壹柒）。蓋温公讀「共」爲「供」，僅此一事殊可注意而已。夫關於府兵制度起原之史料，君實當日所見者既是止此二條，故今日惟有依此二條之記載，旁摭其他片斷之材料，以相比證，試作一較新之解釋於下：

北魏晚年六鎮之亂，乃塞上鮮卑族對於魏孝文帝所代表拓跋氏歷代漢化政策之一大反動，史實甚明，無待贅論。高歡、宇文泰俱承此反對漢化保存鮮卑文化之大潮流而興起之梟傑也。宇文泰當日所憑藉之人材地利遠在高歡之下，若欲與高氏抗爭，則惟有於隨順此鮮卑反動潮流大勢之下，別采取一系統之漢族文化，以籠絡其部下之漢族，而是種漢化又須有以異於高氏治下洛陽鄴都及蕭氏治下建康江陵承襲之漢魏晉之二系統，此宇文泰所以使蘇綽、盧辯之徒以周官之文比附其鮮卑部落舊制，資其野心利用之理由也。苟明乎此，則知宇文泰最初之創制，實以鮮卑舊俗爲依歸；其有異於鮮卑之制而適符於周官之文者，乃黑獺別有利用之處，特取周官爲緣飾之具耳。八柱國者，摹擬鮮卑舊時八國即八部之制者也。魏書壹壹叁官氏志云：

初安帝統國，諸部有九十九姓。至獻帝時，七分國人，使諸兄弟各攝領之，乃分其氏。七族之興，自此始也。又命叔父之胤曰乙旃氏，後改爲叔孫氏；又命疏屬曰車焜氏，後改爲車氏。凡與帝室爲十姓。凡此諸部，其渠長皆自統衆。

天興元年十二月置八部大夫散騎常侍待詔管官，其八部大夫於皇城四方四維面置一人，以擬八座，謂之八國。

天賜元年十一月以八國姓族難分，故國立大師、小師，令辯其宗黨，品舉人才。自八國以外，郡各自立師，職分如八國，比今之中正也。宗室立宗師，亦如州郡八國之儀。

神瑞元年春置八大人官，大人下置三屬官，總理萬機，故世號八公云。

又同書壹百拾食貨志云：

天興初制定京邑，東至代郡，西及善無，南極陰館，北盡參合，爲畿內之田，其外四方四維置八部帥以監之。

周書貳文帝紀下魏恭帝元年（通鑑壹陸伍梁元帝承聖三年春同）云：

魏氏之初統國三十六，大姓九十九，後多絕滅，至是以諸將功高者爲三十六國後，次功者爲九十九姓後，所統軍人亦改從其姓。

寅恪案：拓拔族在塞外時，其宗主爲一部，其餘分屬七部，共爲八部。宇文泰八柱國之制以廣陵王元欣列入其中之一，即擬拓拔鄰即所謂獻帝本支自領一部之意，蓋可知也。據周書貳文帝紀下、北史玖周本紀上西魏恭帝元年及通鑑壹陸伍梁元帝承聖三年所載西魏諸將賜胡姓之例，「所統軍人亦改從其姓」，明是以一軍事單位爲一部落，而以軍將爲其部之酋長。據魏書官氏志云：「凡此諸部，其渠長皆自統衆」，則凡一部落即一軍事單位內之分子對於其部落之酋長即軍將，有直接隸屬即類似君臣之關係與名分義務，此又可以推繹得知者。宇文泰初起時，本非當日關隴諸軍之主帥，實與其他柱國若趙貴輩處於同等地位，適以機會爲貴等所推耳。如周書壹文帝紀上（北史玖周本紀上略同）略云：

（賀拔）岳果爲（侯莫陳）悅所害，其士衆散還平涼，惟大都督趙貴率部曲收岳屍還營。於是三軍未有所屬，諸將以都督寇洛年最長，相與推洛，以總兵事。洛素無雄略，威令不行，乃謂諸將曰：「洛智能本闕，不宜統御，近者迫於羣議，推相攝領，今請避位，更擇賢材。」於是趙貴言於衆曰：「元帥〔賀拔岳〕勳業未就，奄罹凶酷，豈唯國喪良宰，固亦衆無所依。竊觀宇文夏州遠邇歸心，士卒用命，今若告喪，必來赴難，因而奉之，則大事集矣。」諸將皆稱善。

又同書壹陸趙貴傳（北史伍玖趙貴傳、通鑑壹陸柒陳武帝永定元年同）云：

初貴與獨孤信等皆與太祖〔宇文泰〕等夷。

及周書壹伍于謹傳（北史貳叁于謹傳及通鑑壹陸陸梁敬帝太平元年同）云：

謹既太祖等夷。

皆是其證。但八柱國之設，雖爲摹倣鮮卑昔日八部之制，而宇文泰既思提高一己之地位，不與其柱國相等，又不欲元魏宗室實握兵權，故雖存八柱國之名，而以六柱國分統府兵，以比附於周官六軍之制。此則雜糅鮮卑部落制與漢族周官制，以供其利用，讀史者不可不知者也。

又宇文泰分其境內之兵，以屬趙貴諸人，本當日事勢有以致之，殊非其本意也。故遇機會，必利用之，以漸收其他柱國之兵權，而擴大己身之實力，此又爲情理之當然者。但此事跡象史籍不甚顯著，故易爲考史者所忽視。茲請略發其覆：據周書、北史、通典之紀八柱國，皆斷自大統十六年以前，故通鑑即繫此事於梁簡文帝大寶元年即西魏文帝大統十六年。其所以取此年爲斷限者，以其爲李虎卒前之一年也。蓋八柱國中虎最先卒，自虎卒後，而八柱國中六柱國統兵之制始一變。通鑑壹陸肆梁簡文帝大寶二年即西魏文帝大統十七年云：

五月魏隴西襄公李虎卒。

通鑑此條所出，必有確實之依據，自不待言。周書叁捌元偉傳附錄魏宗室王公名位中有二柱國：一爲柱國大將軍太傅大司徒廣陵王元欣，一即柱國大將軍少師義陽王元子孝。元子孝以少師而爲柱國，明是繼李虎之位。魏書壹玖、北史壹柒俱載子孝事蹟，但北史較詳。北史云：

孝武入關，不及從駕，後赴長安，封義陽王，後歷尙書令柱國大將軍。子孝以國運漸移，深自貶晦，日夜縱酒，後例降爲公，復姓拓拔氏，未幾卒。

亦未載子孝爲柱國年月，萬斯同西魏將相大臣年表恭帝元年甲戌條云：

少師（柱國）（李）虎卒。

義陽王子孝柱國大將軍。

萬表以義陽王子孝繼李虎之職，自屬正確。但列李虎卒於恭帝元年，顯與通鑑衝突，疑不可據。（謝啓崐西魏書壹捌李虎傳載虎卒於恭帝元年五月，亦誤。）

又周書壹玖達奚武傳（北史陸伍達奚武傳及通鑑壹陸肆梁簡文帝大寶二年元帝承聖元年俱略同）云：

（大統）十七年〔北史脫「七」字〕詔武率兵三萬經略漢川。自劍以北悉平。明年〔即西魏廢帝元年〕武振旅還京師，朝議初欲以武爲柱國，武謂人曰：「我作柱國不應在元子孝前。」固辭不受。

可知西魏廢帝元年即李虎卒後之次年，達奚武以攻取漢中之功應繼虎之後任爲柱國，而武讓於元子孝也。此亦李虎卒於大統十七年，而其次年即廢帝元年達奚武班師還長安時（通鑑繫達奚武取南鄭於梁元帝承聖元年即西魏廢帝元年五月，故武之還長安尙在其後），其遺缺尙未補人之旁證。武之讓柱國於子孝，非僅以謙德自鳴，殆窺見宇文泰之野心，欲併取李虎所領之一部軍士，以隸屬於己。元子孝與元欣同爲魏朗宗室，從容禁闥，無將兵之實，若以之繼柱國之任，徒擁虛位，黑獺遂得增加一己之實力以制其餘之五柱國矣。故周書貳文帝紀下（通鑑壹陸伍梁元帝承聖二年同）云：

魏廢帝二年春，魏帝詔太祖去丞相大行臺，爲都督中外諸軍事。

此爲宇文泰權力擴張壓倒同輩名實俱符之表現，而適在李虎既卒、達奚武讓柱國於元子孝之後，其非偶然，抑可知也。又元子孝爲虛位柱國，既不統軍，而實領李虎舊部者當爲宇文泰親信之人。周書貳拾閻慶傳（北史陸壹閻慶傳同）云：

賜姓大野氏。晉公護母，慶之姑也。

依西魏賜姓之制，統軍之將帥與所統軍人同受一姓。慶與李虎同姓大野氏，虎之年位俱高於慶，則慶當是虎之部下；慶與宇文氏又有戚誼，或者虎卒之後，黑獺即以柱國虛位畀元子孝，而以己之親信資位較卑若閻慶者代領其軍歟？此無確證，姑備一說而已。

總而言之，府兵之制，其初起時實摹擬鮮卑部落舊制，而部落酋長對於部內有直轄之權，對於部外具獨立之勢。宇文泰與趙貴等並肩同起，偶爲所推，遂居其上，自不得不用八柱國之虛制，而以六柱國分統諸兵。後因李虎先死之故，併取其兵，得擴張實力，以懾服其同起之酋帥。但在宇文氏創業之時，依當時鮮卑舊日觀念，其兵士尙分屬於各軍將，而不直隸於君主。若改移此部屬之觀念，及變革此獨立之制度，乃宇文泰所未竟之業，而有待於後繼者之完成者也。

宇文泰之建國，兼采鮮卑部落之制及漢族城郭之制，其府兵與農民迥然不同，而在境內爲一特殊集團及階級。北史陸拾所謂「自相督率，不編戶貫」，及周書叁孝閔帝紀（北史玖周本紀上同）元年八月甲午詔曰：

今二十四軍宜舉賢良堪治民者，軍列九人。

皆足證也。

鄴侯家傳所謂「六戶中等已上」者，此「六戶」與傳文之「六家」不同，蓋指九等之戶即自中下至上上凡六等之戶而言，文獻通考壹伍壹兵考作「六等之民」，當得其義。魏書壹百拾食貨志云：

顯祖（今本通典伍食貨典作莊帝，不合）因民貧富，爲租輸三等九品之制。

宇文泰殆即依此類舊制分等也。又周書貳文帝紀下魏大統九年（通鑑壹伍捌梁武帝大同九年同）云：

於是廣募關隴豪右，以增軍旅。

然則府兵之性質，其初元是特殊階級。其鮮卑及六鎮之胡漢混合種類及山東漢族武人之從入關者固應視爲貴族，即在關隴所增收編募，亦止限於中等以上豪富之家，絕無下級平民參加於其間，與後來設置府兵地域內其兵役之比較普遍化者，迥不相同也。

又鄴侯家傳「六家共之」之語，「共」若依通鑑作「供給」之「供」，自易明瞭。惟「六家」之語最難通解，日本岡崎文夫教授於其所著關於唐衞府制與均田租庸調法之一私見（東北帝國大學十周年紀念史學文學論集）中，雖致疑於何故不採周禮以來傳統之五家組合，而取六家組合，但亦未有何解釋。鄙意通鑑採用鄴侯家傳已作「六家」，故「六」字不得視爲傳寫之誤。然細繹李書，如「六家主之」及「自初屬六柱國家」等語，其「六家」之語俱指李弼等六家，故其「六家共備」之「六家」疑亦同指六柱國家而言也。北史云：「甲槊戈弩並資官給」，李書旣以府兵自初屬六柱國家，故以「六家供備」代「並資官給」，觀其於「六家共（依通鑑通作供）備」下，即連接「撫養訓導，有如子弟」之語，尤足證其意實目六柱國家。至其詞涉誇大，不盡可信，則與傳文之解釋又別是一事，不可牽混並論也。

又玉海壹叁捌兵制叁注云：

或曰：「宇文周制府衞法，七家共出一兵。」

寅恪案：七家共出一兵，爲數太少，決不能與周代情勢符合，無待詳辨。但可據此推知鄴侯家傳中「六家共備」之「共」，南宋人已有誤讀爲「共同」之「共」者，七家共出一兵之臆說殆因此而生。伯厚置諸卷末子注或說中，是亦不信其爲史實也。

據北史陸拾「自相督率，不編戶貫」及「十五日上，則門欄陛戟，警晝巡夜；十五日下，則教旗習戰」等語，則鄴侯家傳所謂「郡守農隙教試閱」者，絕非西魏當日府兵制之眞相，蓋農隙必不能限於每隔十五日之定期，且當日兵士之數至少，而戰守之役甚繁，欲以一人兼兵農二業，亦極不易也。又北史謂軍人「自相督率，不編戶貫」，則更與郡守無關，此則鄴侯家傳作者李繁依唐代府兵之制，以爲當西魏初創府兵時亦應如是，其誤明矣。李延壽生值唐初，所紀史事猶爲近眞。

温公作通鑑，其叙府兵最初之制，不采北史之文，而襲家傳之誤，殊可惜也。

吾輩今日可以依據北史所載，解決府兵之兵農分合問題。新唐書伍拾兵志云：

蓋古者兵法起於井田，自周衰，王制壞而不復。至於府兵，始一寓之於農。

葉適習學記言叁玖唐書表志條駁兵農合一之說，略云：

宇文蘇綽患其然也，始令兵農各籍，不相牽綴，奮其至弱，卒以滅齊。隋因之，平一宇內，當其時無歲不征，無戰不克，而財貨充溢，民無失業之怨者，徒以兵農判爲二故也。然則豈必高祖太宗所以盛哉！乃遵其舊法行之耳。兵農已分，法久而壞，不必慨慕府兵，誤離爲合，徇空談而忘實用矣。

寅恪案：歐陽永叔以唐之府兵爲兵農合一是也。但概括府兵二百年之全部，認其初期亦與唐制相同，兵農合一，則已謬矣。葉水心以宇文蘇綽之府兵爲兵農分離，是也。但亦以爲其制經二百年之久，無根本之變遷，致認唐高祖太宗之府兵仍是兵農分離之制，則更謬矣。司馬君實既誤用家傳以唐制釋西魏府兵，而歐陽、葉氏復兩失之，宋賢史學，今古罕匹，所以致疏失者，蓋史料缺略，誤認府兵之制二百年間前後一貫，無根本變遷之故耳。（通鑑貳壹貳唐玄宗開元十年紀張說建議召募壯士充宿衛事，以爲「兵農之分從此始」，是司馬之意亦同歐陽，以唐代府兵爲兵農合一，此則較葉氏之無眞知灼見，好爲異說而偶中者，誠有間矣。）

（叁）

隋書貳高祖紀下（北史壹壹隋本紀上、通鑑壹柒柒隋文帝開皇十年同）云：

開皇十年五月乙未詔曰：「魏末喪亂，寓縣瓜分，役車歲動，未遑休息，兵士軍人權置坊府，南征北伐，居處無定，恆爲流寓之人，竟無鄉里之號，朕甚愍之。凡是軍人可悉屬州縣，墾田籍帳一與民同，軍府統領宜依舊式，罷山東、河南及北方緣邊之地新置軍府。」

同書貳肆食貨志（通典貳及叁及伍及柒食貨典，又周書伍武帝紀上、北史十周本紀下俱同）云：

至（齊武成帝）河清三年定令，乃命人居十家爲比鄰，五十家爲閭里，百家爲族黨。男子十八以上六十五以下爲丁，十六已上十七已下爲中，六十六已上爲老，十五已下爲小。率以十八受田，輸租調，二十充兵，六十免力役，六十六退田，免租調。

（周武帝）保定元年改八丁兵爲十二丁兵，率歲一月役。建德二年改軍士爲侍官，募百姓充之，除其縣籍，是後夏人半爲兵矣。

及（隋高祖）受禪，又遷都，發山東丁，毀造宮室，仍依周制役丁爲十二番，匠則六番。頒新令：男女三歲已下爲黃，十歲已下爲小，十七已下爲中，十八已上爲丁。丁從課役，六十爲老，乃免。

其丁男、中男、永業、露田皆遵後齊之制。

開皇三年正月（隋文）帝入新宮，初令軍人〔人即民也，北史壹壹隋本紀上通典柒食貨典及通鑑壹柒伍陳長城公至德元年三月俱無軍字〕以二十一成丁，減十二番每歲爲二十日役，減調絹一疋爲二丈。

通鑑壹柒伍陳長城公至德元年三月胡注云：

後周之制民年十八成丁，今增三歲，每歲十二番則三十日役，今減爲二十日役，及調絹減半。

通典貳捌職官典拾將軍總叙條云：

隋凡十二衞，各置大將軍一人，將軍一人，以總府事，蓋魏周十二大將軍之遺制。

唐六典貳肆左右衞大將軍條注云：

隋左右衞，左右武衞，左右候，左右武候，左右領軍，左右率府，各有大將軍一人，所謂十二衞大將軍也。

上章已論宇文泰欲漸改移鮮卑部屬之觀念及制度，而及身未竟其業，須俟其後繼者始完成之。茲所引史料，足證明此點，亦即西魏府兵制轉爲唐代府兵制過渡之關鍵所在也。鄴侯家傳（新唐書伍拾兵志、通鑑貳壹陸唐玄宗天寶八載同）云：

自置府以其番宿衞，禮之謂之侍官，言侍衞天子也。至是衞佐悉以借姻戚之家爲僮僕執役，京師人相詆訾者，即呼爲侍官。

寅恪案：周武帝改軍士爲侍官，即變更府兵之部屬觀念，使其直隸於君主。此湔洗鮮卑部落思想最有意義之措施，不可以爲僅改易空名而忽視之也。

又最初府兵制下之將卒皆是胡姓，即同胡人。周武帝募百姓充之，改其民籍爲兵籍，乃第一步府兵之擴大化即平民化。此時以前之府兵既皆是胡姓，則胡人也，百姓，則夏人也，故云：「是後夏人半爲兵矣」。此條「夏」字隋書通典俱同有之，必非誤衍，若不依鄙意解釋恐不易通。岡崎教授於其所著論文之第陸頁第柒行引隋書食貨志及通典此條俱少一「夏」字，豈別有善本依據耶？抑以其爲不可解之故，遂認爲衍文而删之耶？寅恪所見諸本皆是通行坊刻，若其他善本果有異文，尙希博雅君子不吝教誨也。

保定元年改八丁兵爲十二丁兵者，據通鑑壹陸捌陳文帝天嘉二年胡注云：

八丁兵者，凡境內民丁分爲八番，遞上就役。十二丁兵者，分爲十二番，月上就役，周而復始。

寅恪案：隋書食貨志言：「隋高祖受禪，仍依周制，役丁爲十二番」，是周制分民丁爲十二番之證。胡說固確，但保定元年爲宇文周開國之第五年，距創設府兵之時代至近，又在建德二年募百姓充侍官之前者尙十二年，此年之令文，周書、隋書、北史、通典所載悉同，當無譌脫。令文既明言兵丁，而胡氏僅以「境內民丁」釋之，絕不一及兵字，其意殆以爲其時兵民全無區別，與後來不異，則疑有未妥也。

周武帝既施行府兵擴大化政策之第一步，經四年而周滅齊，又四年而隋代周，其間時間甚短，然高齊文化制度影響於戰勝之周及繼周之隋者至深且鉅，府兵制之由西魏制而變爲唐代制即在此時期漸次完成者也。

陳傅良歷代兵制伍云：

魏周齊之世已行租調之法，而府兵之法由是而始基〔通鑑陳紀齊顯（寅恪案：顯當作世）祖令民十八受田，輸租調，二十充兵，六十免力役，六十六還田，免租調〕，加以宇文泰之賢，專意法古，當時兵制增損尤詳，然亦未易遽成也。故其制雖始於周齊，而其效則漸見於隋，彰於唐，以此知先王之制其廢既久，則復之必以漸歟？

寅恪案：陳氏語意有未諦者，不足深論，但其注引齊制「十八受田，輸租調，二十充兵」之文，則殊有識。蓋後期府兵之制全部兵農合一，實於齊制始見諸明文，此實府兵制之關鍵也。但當時法令之文與實施之事不必悉相符合，今日考史者無以知其詳，故不能確言也。

又隋書貳柒百官志尚書省五兵尚書條略云：

五兵統右中兵

〔掌畿內丁帳、事力、蕃兵等事。〕

左外兵

〔掌河南及潼關、巴東諸州丁帳及發召征兵等事。〕

右外兵

〔掌河北及潼關、巴西諸州，所典與左外同。〕

寅恪案：北齊五兵尚書所統之右中兵、左外兵、右外兵等曹，既掌畿內及諸州丁帳及發召征兵等事，疑北齊當日實已施行兵民合一之制，此可與隋書食貨志所載齊河淸三年令規定民丁充兵年限及其與受田關係者可以參證也。

隋文帝開皇十年詔書中有「墾田籍帳悉與民同」之語，與北史所載府兵初起之制兵士絕對無暇業農者，自有不同。此詔所言或是周武帝改革以後之情狀，或目府兵役屬者所墾，而非府兵自耕之田，或指邊地屯墾之軍而言，史文簡略，不能詳也。隋代府兵制變革之趨向，在較周武帝更進一步之君主直轄化即禁衛軍化，及徵調擴大化即兵農合一化而已。隋之十二衞即承魏周十二大將軍之舊，杜君卿已言之，本爲極顯著之事，不俟贅說。所可論者，隋文帝使軍人悉屬州縣，則已大反西魏初創府兵時「自相督率，不編戶貫」即兵民分立之制，其令「丁男、中男、永業、露田皆遵後齊之制」及「發使四出，均天下之田」（隋書貳肆食貨志），雖實施如何，固有問題，然就法令形式言，即此簡略之記述或已隱括北齊清河三年規定受田與兵役關係一令之主旨，今以史文不詳，姑從闕疑。但依通鑑至德元年之胡注，則隋開皇三年令文與周保定元年令文「八兵丁」及「十二丁兵」顯有關係。而開皇三年令文隋書所載有「軍」字者，以開皇十年前軍兵不屬州縣，在形式上尚須與人民有別，故此令文中仍以軍民並列，至北史、通典以及通鑑所載無「軍」字者，以其時兵民在事實上已無可別，故得略去「軍」字，並非李延壽、杜君卿及司馬君實任意或偶爾有所略漏明矣。

由是言之，開皇三年令文卻應取前此保定元年令文胡注中境內兵民合一之義以爲解釋也。夫開皇三年境內軍民在事實上已無可別，則開皇十年以後，抑更可知，故依據唐宋諸賢李、杜、馬、胡之意旨，豈可不謂唐代府兵之基本條件，即兵民合一者，實已完成於隋文之世耶？

岡崎教授論文之結論云：

隋以軍兵同於編戶云者，僅古制之復舊而已。北齊雖於法令上規定受田與兵役之關係，其實行如何，尚有問題，綜合兩方面實施者，唐之兵制也。

寅恪案：北齊法令之實施與否，於此可不論。玆所欲言者，即據上引開皇三年令文及唐宋諸賢之解釋，似可推知隋代先已實施兵民合一之基本條件，不必待李唐開國以後，方始擬行之也。又以其他法制諸端論，唐初開國之時大抵承襲隋代之舊，即間有變革，亦所關較細者，豈獨於兵役丁賦之大政，轉有鉅大之創設，且遠法北齊之空文，而又爲楊隋盛時所未曾規定行用者，遽取以實施耶？此亦與唐初通常情勢恐有未合也。然則府兵制後期之紀元當斷自隋始歟？總之，史料簡缺，誠難確知，岡崎教授之結論，要不失爲學人審愼之態度。寅恪姑取一時未定之妄見，附識於此，以供他日修正時覆視之便利云爾，殊不敢自謂有所論斷也。

總合上引史料及其解釋，試作一結論如下：

府兵制之前期爲鮮卑兵制，爲大體兵農分離制，爲部酋分屬制，爲特殊貴族制；其後期爲華夏兵制，爲大體兵農合一制，爲君主直轄制，爲比較平民制。其前後兩期分畫之界限，則在隋代。周文帝、蘇綽則府兵制創建之人，周武帝、隋文帝其變革之人，唐玄宗、張說其廢止之人，而唐之高祖、太宗在此制度創建、變革、廢止之三階段中，恐俱無特殊地位者也。

附記：本文中所引通典諸條，後查得宋本與通行本並無差異，特附識於此。

七　財政

近日中外史家論吾國南北朝隋唐經濟財政制度者頗多，其言有得有失，非此章範圍所能涉及。此章主旨唯在闡述繼南北朝正統之唐代，其中央財政制度之漸次江南地方化，易言之，即南朝化，及前時西北一隅之地方制度轉變爲中央政府之制度，易言之，即河西地方化二事，蓋此二者皆系統淵源之範圍也。考此二事轉變之樞紐在武則天及唐玄宗二代，與兵制選舉及其他政治社會之變革亦俱在此時者相同。但欲說明其本末，非先略知南北朝之經濟財政其差異最要之點所在不可也。

今日所保存之南北朝經濟財政史料，北朝較詳，南朝尤略。然約略觀之，其最大不同之點則在北朝政府保有廣大之國有之土地。此蓋承永嘉以後，屢經變亂，人民死亡流散所致。故北朝可以有均給民田之制，而南朝無之也。南朝人民所經喪亂之慘酷不及北朝之甚，故社會經濟情形比較北朝爲進步，而其國家財政制度亦因之與北朝有所不同，即較爲進步是也。北魏均田之問題此章所不能詳，故僅略舉其文，至北魏以後者亦須稍附及之，以見其因襲所自，並可與南北互較，而後隋唐財政制度之淵源系統及其演進之先後次序始得而明也。

魏書壹壹拾食貨志略云：

太和九年下詔均給天下民田，諸男夫十五以上受露田四十畝，婦人二十畝，奴婢依良，丁牛一頭受田三十畝，限四牛。所授之田率倍之，三易之田再倍之，以供耕作及還受之盈縮。諸民年及課則受田，老免，及身沒則還田，奴婢、牛隨有無以還受，諸桑田不在還受之限，但通入倍田分，於分雖盈，沒則還田，不得以充露田之數，不足者以露田充倍。諸初受田者，男夫一人給田二十畝，課蒔，餘種桑五十樹、棗五株、榆三根；非桑之土，夫給一畝，依法課蒔榆、棗，奴各依良。諸桑田皆為世業，身終不還，恆從見口，有盈者無受無還，不足者受種如法；盈者得賣其盈，不足者得買所不足；不得賣其分，亦不得買過所足。諸麻布之土男夫及課別給麻田十畝，婦人五畝，奴婢依良，皆從還受之法。諸宰民之官各隨地給公田，更代相付，賣者坐如律。

隋書貳肆食貨志云：

晉自過江，凡貨賣奴婢、馬、牛、田宅有文券，率錢一萬輸估四百入官，賣者三百，買者一百；無文券者隨物所堪，亦百分收四，名為散估，歷宋、齊、梁、陳如此以為常。以此人競商販，不為田業，故使均輸欲為懲勵，雖以此為辭，其實利在侵削。又都西有石頭津，東有方山津，各置津主一人，賊曹一人，直水五人，以檢察禁物及亡叛者，其荻、炭、魚、薪之類過津者並十分稅一，以入官。其東路無禁貨，故方山津檢察甚簡。淮水北有大市百(寅恪案：通典壹壹食貨典雜稅門百字作自〕餘，小市十餘所，大市備置官司，稅斂既重，時甚苦之。

（北周）閔帝元年初除市門稅，及宣帝即位，復興入市之稅。

（北齊）武平之後，權幸並進，賜與無限，加之旱蝗，國用轉屈，乃料境內六等富人，調令出錢。而給事黃門侍郎顏之推奏請立關市邸店之稅，開府鄧長顒贊成之，後主大悅。於是以其所入以供御府聲色之費，軍國之用不豫焉，未幾而亡。

通典貳田制下云：

北齊給授田令，仍依魏朝。每年十月普令轉授，成丁而授，丁老而退，不聽賣易。

隋書貳肆食貨志略云：

至（北齊）河清三年定令，乃命男子十八以上六十五以下爲丁，十六已上十七已下爲中，六十六已上爲老，十五已下爲小。率以十八受田，輸租調，二十充兵，六十免力役，六十六退田，免租調〔此節前兵制章已引〕。京城四面諸坊之外三十里爲公田，受公田者，三縣代遷內執事官一品已下逮於羽林、武賁各有差，其外畿郡華人官第一品已下羽林、武賁已上各有差。職事及百姓請墾田者名爲受田，奴婢受田者親王止三百人。〔中略〕八品已下至庶人限止六十人，奴婢限外不給田者皆不輸。其方百里外及州人一夫受露田八十畝，婦四十畝，奴婢依良人限數，與在京百官同，丁牛一頭受田六十畝，限止四牛。又每丁給永業二十畝爲桑田，其中種桑五十根、榆三根、棗五根，不在還受之限，非此田者悉入還受之分。土不宜桑者給麻田，如桑田法。

又同書同卷略云：

（隋高祖）頒新令，制人男女三歲已下爲黄，十歲已下爲小，十七已下爲中，十八已上爲丁，丁從課役，六十爲老，乃免。自諸王已下至於都督皆給永業田各有差，多者至一百頃，少者至四十畝，其丁男、中男、永業、露田皆遵後齊之制，並課樹以桑、榆及棗。其園宅率三口給一畝，奴婢則五口給一畝。京官又給職分田，外官亦各有職分田，又給公廨田，以供公用。

唐會要捌叁租稅上（參考通典貳田制下及舊唐書肆捌食貨志、新唐書伍壹食貨志等）略云：

（武德）七年三月二十九日始定均田賦稅，凡天下丁男給田一頃，篤疾廢疾給四十畝，寡妻妾三十畝，若爲戶者加二十畝。所授之田十分之二爲世業，餘爲口分田，身死則承戶者授之，口分則收入官，更以給人。

同書玖貳內外官職田（參考前條有關諸書）略云：

武德元年十二月制內外職官各給職分田。

據此簡略之徵引，即可見北朝俱有均田之制，魏、齊、隋、唐之田制實同一系統，而南朝則無均田之制，其國用注重於關市之稅，北朝雖晚期亦征關市之稅，然與南朝此稅之地位其輕重頗有不同，然則南朝國民經濟國家財政較北朝爲進步，抑又可知也。魏書陸捌甄琛傳（北史肆拾甄琛傳同）所云：

（於世宗時）上表曰：「今僞弊相承，仍崇關鄽之稅，大魏恢博，唯受穀帛之輸。」

南北社會經濟國家財政之差異要點，甄琛此數語足以盡之矣。

但隋雖統一南北，而爲時甚短，又經隋末之擾亂，社會經濟之進步亦爲之停頓，直至唐高宗武則天之世，生養休息約經半世紀之久，社會經濟逐漸進展，約再歷半世紀，至玄宗之時，則進展之程度幾達最高度，而舊日北朝之區域自西晉永嘉亂後其社會經濟之發達未有盛於此時者也。夫唐代之國家財政制度本爲北朝之系統，而北朝之社會經濟較南朝爲落後，至唐代社會經濟之發展漸超越北朝舊日之限度，而達到南朝當時之歷程時，則其國家財政制度亦不能不隨之以演進。唐代之新財政制度，初視之似爲當時政府一二人所特創，實則本爲南朝之舊制。蓋南朝雖爲北朝所併滅，其遺制當仍保存於地方之一隅，迨經過長久之期間，唐代所統治之北朝舊區域，其經濟發展既與南朝相等，則承繼北朝系統之中央政府遂取用此舊日南朝舊制之保存於江南地方者而施行之，前所謂唐代制度之江南地方化者，即指此言也。又河隴區域在北朝區域內本爲文化甚高區域，其影響於隋唐制度之全部者，前章已詳言之。但除文化一端外，其地域在吾國之西北隅，與西北諸外族鄰接，歷來不獨爲文化交通之孔道，亦爲國防軍事之要區。唐代繼承宇文泰關中本位之政策，西北邊疆本重於東北，至於玄宗之世，對於東北更取消極維持之政策，而對於西北，則取積極進展之政策。其關涉政治史者本章可不置論，茲所論者即西北一隅歷代爲邊防要地，其地方傳統之財政經濟制度經長久之演進，頗能適合國防要地之環境。唐玄宗既對西北邊疆采軍事積極政策，則此河湟地方傳統有效之制度實有擴大推廣而改爲中央政府制度之需要，此即前所謂唐代制度之河西地方化也。請就二者各舉一例以證明之，關於江南地方化者曰迴造納布，關於河西地方化者曰和糴，此二端之涉及政治軍事者不能詳述，茲僅論其淵源所從出於下：

隋唐二代長安、洛陽東西兩京俱爲政治文化之中心，而長安爲西魏、北周以來關中本位之根據地，當國家積極進行西北開拓政策之時，尤能得形勢近便之利，然其地之經濟運輸則遠不及洛陽之優勝，在北周以前軍政範圍限於關隴巴蜀，規模狹小，其經濟尙能自給。自周滅北齊後不久，即營建洛陽爲東京，隋唐承之，故長安、洛陽天子往來行幸，誠如李林甫所謂東西兩宮者也（參新唐書壹貳叁上姦臣傳李林甫傳及通鑑貳壹肆唐紀叁拾開元二十四年條等）。夫帝王之由長安遷居洛陽，除別有政治及娛樂等原因，如隋煬帝、武則天等茲不論外，其中尙有一主因爲本章所欲論者，即經濟供給之原因是也。蓋關中之地農產物雖號豐饒，其實不能充分供給帝王宮衞百官俸食之需，而其地水陸交通不甚便利，運轉米穀亦頗困難，故自隋唐以降，關中之地若值天災，農產品不足以供給長安帝王宮衞及百官俸食之需時，則帝王往往移幸洛陽，俟關中農產豐收，然後復還長安。茲就隋唐二代各舉一例如下：

隋書貳高祖紀下（北史壹壹隋本紀上略同）云：

開皇十四年八月辛未關中大旱，人饑，上率戶口就食於洛陽。十五年三月己未至自東巡狩。

通鑑貳百玖唐紀貳伍景龍三年末云：

是年關中饑，米斗百錢，運山東、江淮穀輸京師，牛死什八九。羣臣多請車駕幸東都，韋后家本杜陵，不樂東遷，乃使巫覡彭君卿等說上〔中宗〕云：「今歲不利東行。」後復有言者，上怒曰：「豈有逐糧天子耶？」乃止。

觀此二例，可知隋唐時關中長安之經濟供給情勢矣。

至唐玄宗之世，爲唐代最盛之時，且爲積極施行西北開拓政策之際，當日關中經濟供給之問題尤較前代爲嚴重，觀舊唐書玖捌裴耀卿傳（通典拾食貨典漕運門同，其他有關材料不備列）所云：

明年〔開元二十一年〕秋霖雨害稼，京城穀貴，上將幸東都，獨召耀卿，問救人之術。耀卿對曰：「今既大駕東巡，百司扈從，太倉及三輔先所積貯且隨見在發重臣分道賑給，計可支一二年。從東都更廣漕運，以實關輔，待稍充實，車駕西還，即事無不濟。臣以國家帝業本在京師，萬國朝宗，百代不易之所，但爲秦中地狹，收粟不多，儻遇水旱，便即匱乏。往者貞觀永徽之際祿廩數少，每年轉運不過一二十萬石，所用便足，以此車駕久得安居。今國用漸廣，漕運數倍於前，支猶不給，陛下數幸東都，以就貯積，爲國家大計，不憚劬勞，祇爲憂人而行，豈是故欲來往。若能更廣陝運，支粟入京，倉廩常有三二年糧，即無憂水旱。今天下輸丁約有四百萬人，每丁支出錢百文五十文充營窖等用，貯納司農及河南府陝州，以充其費。租米則各隨遠近，任自出脚，送納東都。從都至陝，河路艱險，既用陸脚，無由廣致。若能開通河漕，變陸爲水，則所支有餘，動盈萬計。且河南租船候水始進，吳人不便河漕，由是所在停留，日月既淹，遂生隱盜，臣望沿流相次置倉。」上深然其言。尋拜黃門侍郎同中書門下平章事，充轉運使，語在食貨志。凡三年運七百萬石，省脚錢三十萬貫。

及舊唐書肆玖食貨志下（參考通典拾食貨典漕運門等）所云：

（開元）十八年宣州刺史裴耀卿上便宜事條曰：「江南戶口稍廣，倉庫所資，惟出租庸，更無征防。緣水陸遙遠，轉運艱辛，功力雖勞，倉儲不益。今若且置武牢、洛口等倉，江南船至河口，即却還本州，更得其船充運，幷取所減脚錢，更運江淮變造義倉，每年剩得一二百萬石，即望數年之外倉廩轉加。其江淮義倉下濕不堪久貯，若無船可運，三兩年色變，即給貸費散，公私無益。」疏奏不省〔至二十一年始施用其言〕。

則可知玄宗時關中經濟不能自足情形及其救濟之政策。裴耀卿之方略，第一在改良運輸方法，即沿流相次置倉；第二在增加運輸數量，即運江淮變造義倉。斯二者皆施行有效，然此尙爲初步之政策，更進一步之政策則爲就關中之地收買農產物，即所謂和糴；而改運江淮之粟爲運布，即所謂迴造納布是也。

新唐書伍叁食貨志（參通鑑貳壹肆唐紀開元二十五年條）云：

貞觀開元後西舉高昌、龜茲、焉耆、小勃律，北抵薛延陀故地，緣邊數十州戍重兵，營田及地租不足以供軍，於是初有和糴。牛仙客爲相，有彭果者獻策廣關輔之糴，京師糧稟益羨，自是玄宗不復幸東都。天寶中歲以錢六十萬緡賦諸道和糴，斗增三錢，每歲短遞輸京倉者百餘萬斛，米賤則少府加估而糴，貴則賤價而糶。

關於和糴在當日政治上之重要，表弟俞大綱君曾詳論之，茲不復贅（見前中央研究院歷史語言研究所集刊第伍本第壹分讀高力士外傳論變造和糴之法）。今所欲論者，乃和糴之起原及與牛仙客之關係，至彭果與此政策之內容究有何聯繫，難以考知，故置不論。舊唐書壹百叁牛仙客傳（新唐書壹叁叁牛仙客傳略同）略云：

牛仙客，涇州鶉觚人也。初爲縣小吏，縣令傅文靜甚重之。文靜後爲隴右營田使，引仙客參預其事，遂以軍功累轉洮州司馬。開元初王君㚟爲河西節度使，以仙客爲判官，甚委信之。蕭嵩代君㚟爲河西節度使，又以軍政委於仙客。及嵩入知政事，數稱薦之。稍遷太僕少卿，判涼州別駕事，仍知節度留後事，竟代嵩爲河西節度使，判涼州事。開元廿四年秋代信安王禕爲朔方行軍大總管，右散騎常侍崔希逸代仙客知河西節度事。初仙客在河西節度時省用所積鉅萬，希逸以其事奏聞。上令刑部員外郎張利貞馳傳往覆視之，仙客所積倉庫盈滿，器械精勁，皆如希逸之狀。上大悅，以仙客爲尚書，中書令張九齡執奏以爲不可，乃加實封二百戶，其年十一月九齡等罷知政事，遂以仙客爲工部尚書同中書門下三品，仍知門下事。仙客既居相位，獨善其身，唯諾而已。百司有所諮決，仙客曰：「但依令式可也」，不敢措手裁決。

寅恪案：仙客以河湟一典史，躋至宰相，其與張九齡一段因緣爲玄宗朝政治之一大公案，但與和糴事無直接關係，故此可不論。茲可注意者，爲仙客出生及歷官之地域幷其在官所職掌及功績數端，質言之，即以西北邊隅之土著，致力於其地方之足食足兵之政略，而大顯成效，遂特受獎擢，俾執中央政權是也。史傳言其在相位庸碌，不敢有所裁決，自是實錄，但施行和糴於關中，史雖言其議發於彭果，然實因仙客主持之力，乃能施行。夫關中用和糴法，乃特創之大事也，以仙客之庸謹，乃敢主之者，其事其法必其平生所素習，且諗知其能收效者，否則未必敢主其議。由此推論，則以和糴政策爲足食足兵之法，其淵源所在疑舍西北邊隅莫屬也。隋書貳肆食貨志（參通典壹貳食貨典輕重門義倉條）略云：

（開皇）五年五月工部尚書襄陽縣公長孫平奏令諸州百姓及軍人勸課當社共立義倉，收穫之日隨其所得，勸課出粟及麥，於當社造倉窖貯之，即委社司執帳檢校，每年收積勿使損敗，若時或不熟，當社有饑饉者，即以此穀賑給。十四年關中大旱，人饑，上幸洛陽，因令百姓就食，從官並准見口賑給，不以官位爲限，是時義倉貯在人間，多有費損。十五年二月詔曰：「本置義倉，止防水旱，百姓之徒不思久計，輕爾費損，於後乏絕。又北境諸州異於餘處，雲、夏、長、靈、鹽、蘭、豐、鄯、涼、甘、瓜等州所有義倉雜種並納本州，若人有旱儉少糧，先給雜種及遠年粟。」十六年正月又詔秦、疊、成、康、武、文、芳、宕、旭、洮、岷、渭、紀、河、廓、豳、隴、涇、寧、原、敷、丹、延、綏、銀、扶等州社倉並於當縣安置。二月又詔社倉准上、中、下三等稅；上戶不過一石，中戶不過七斗，下戶不過四斗。

唐會要捌捌倉及常平倉（參通典壹貳食貨典及兩唐書食貨志等）略云：

貞觀二年四月尚書左丞戴胄上言，請立義倉。上曰：「既爲百姓先作儲貯，官爲舉掌，以備凶年，深是可嘉，宜下有司，議立條制。」戶部尙書韓仲良奏：「王公以下墾田畝納二升，貯之州縣，以備凶年。」制可之。永徽二年閏九月六日勅：「義倉據地收稅，實是勞煩，宜令率戶出粟，上下戶五石，餘各有差。」

依據隋志紀述，知隋初社倉本爲民間自理，後以多有費損，實同虛設，乃改爲官家收辦，但限於西北諸州邊防要地者，以其處軍食爲國防所關，不得如他處之便可任人民自由處理也。又依戶之等第納粟，實已變開皇初立義倉時之勸導性質爲强迫徵收矣。唐初之義倉似即仿隋制，然卒令率戶出粟，變爲一種賦稅，中唐以後遂爲兩稅之一之重要收入，其詳本章所不能論，然其演變之跡象與隋西北邊諸州相同，則殊無疑，豈其間亦有因襲摹倣之關係耶？未敢確言之也。又觀唐會要玖拾和糴門所載如：

（貞元）四年八月詔京兆府於時價外加估和糴，先是京畿和糴多被抑配，百姓苦之。

及白氏長慶集肆壹論和糴狀所云：

凡曰和糴，則官出錢，人出穀，兩和商量，然後交易也。比來和糴，事則不然，但令府縣散配戶人，促立程限，嚴加徵催，苟有稽遲，則被追捉，甚於稅賦，號爲和糴，其實害人。若有司出錢，開場自糴，比於時價，稍有優饒，利之誘人，人必情願。臣久處村閭，曾爲和糴之戶，親被迫蹙，實不堪命，臣近爲畿尉，曾領和糴之司，親自鞭撻，所不忍覩。

則和糴至少在德宗、憲宗之世，實際上爲「散配戶人，嚴加徵催」之强迫收取人民農產品之方法，其何以由「和」買而變爲强徵，殊可深思。其在玄宗時如何情形固不能確知，但有可決言者，即和糴之制本爲軍食而設，如唐會要捌捌倉及常平倉云：

貞元八年十月勑：「諸軍鎮和糴貯備共三十三萬石。」

及同書玖拾和糴云：

長慶元年二月勑：「其京北、京西和糴使宜勒停，先是度支以近儲無備，請置和糴使，經年無效，徒擾邊民，故罷之。」

即可瞭然隋代以全國社倉人民處理不善，特在西北邊州軍防之地改官辦之制，即是令人民直接間接納粟於軍鎮，其後改爲依戶等納粟，亦是「配戶徵催」之制也。唐貞觀義倉之制爲全國普遍制，江南尚且實施，西北更應一律遵行，而西北自貞觀至開元其間皆有軍事關係，爲屯駐重兵之地，觀通典壹貳食貨典輕重門義倉條（參舊唐書玖叁及新唐書壹壹壹薛訥傳）云：

高宗武太后數十年間義倉不許雜用，其後公私窘迫，貸義倉支用，自中宗神龍之後，義倉費用向盡。

則知西北邊州軍需之廣，義倉亦必貸盡而有所不足也。但欲足軍食，舍和糴莫由，故通鑑貳壹肆唐紀叁拾開元二十五年九月條（參前引新唐書食貨志）云：

先是西北數十州多宿重兵，地租營田皆不能贍，始用和糴之法。有彭果者，因牛仙客獻策，請行糴法於關中。（九月）戊子敕：「以歲稔穀賤傷農，命增時價什二三，和糴東西畿粟各數百萬斛。」自是關中蓄積羨溢，車駕不復幸東都矣。癸巳敕河南、河北租應輸含嘉太原倉者皆留輸本州。

是西北邊州本行和糴之法，而牛仙客、彭果因以推行於關中。牛仙客本由河湟典史歷官西北甚久，以能足食足兵顯名，致位宰相，則西北和糴之法仙客必早已行之而有效。而其所以能著效者，除有充足之財貨足以爲和買之資外，尙須具備有二條件：一爲其地農民人口繁殖，足以增加農產品數量，二爲其地已習用此類帶有强迫性收買之方法。請略言之：

和糴者，就地收購農產物之謂，故必須其地農民人口繁殖，有充分之生產，始得行收購之實。隋季西北諸州雖罹戰禍，然休養生息至唐玄宗之晚年，必已恢復繁盛，加以政府施行充實西北邊州之政策，故其地遂爲當日全國最富饒之區域。通鑑貳壹陸唐紀叁貳天寶十二載以哥舒翰兼河西節度使條述當日河西之盛況（寅恪案：此採自明皇雜錄，又元氏長慶集貳肆和李校書新題樂府西涼伎一詩亦可參考）云：

是時中國盛强，自安遠門西盡唐境萬二千里，閭閻相望，桑麻翳野，天下稱富庶者無如隴右。

當日西北邊州富庶若此，和糴政策第一條件既已備具，則就其地以推行此政策，自不困難，可無疑也。

又和糴之法若官所出價，逾於地方時估者甚高，雖可以利誘民，然政府所費過鉅，如收購之數量甚多，則不易支久；如官方所出價與地方時估相差無幾，則區區微利之引誘，必不能使農民自動與胥吏交易。蓋農民大抵畏吏胥如虎狼，避之惟恐不及，此則無古今之異，不俟煩言而解者也。是以必帶有習慣性及强迫性，和糴之法始能施行有效，而不致病民。考西北邊州自隋開皇時已行按戶納粟於官倉或軍倉之制，其性質即與白香山所謂「散配戶人，嚴加徵催」，實無不同。雖西北邊州施行貞觀義倉之制，已變爲一種賦稅，而史言西北宿重兵，其地早行和糴，則和糴之法在西北邊州諒亦不過依隋代按戶納粟於軍倉之制，但略給價，以資利誘，其基本之手續方法似無大異，以上下相習，爲日已久，遂能成效卓著也。至元和時關中和糴之法所以變爲厲民之政者，蓋和糴之法本帶强迫性質，以非如是，無以成事，不過值國庫優裕，人民富庶之時，政府既能給價，人民亦易負擔，故當時尚不視爲病民之政耳。此和糴之法所應具備之第二條件也。

總而言之，西北邊州早行和糴之法，史已明言。牛仙客推行引用於關輔，此和糴之法乃由西北地方制度一變而成中央政府制度，所謂唐代制度之河西地方化者是也。至和糴之法在西北開元二十五年以前其詳雖不可考，但今敦煌所出寫本中猶存天寶四載豆盧軍和糴計帳殘本（刊載敦煌掇瑣中輯陸陸號，寅恪曾考論其中升斗兩字，載一九三六年十月清華學報讀秦婦吟文中），尚可據以推知其大概也。

玄宗既用牛仙客和糴之法，關中經濟可以自給，則裴耀卿轉運江淮變造等農產品之政策成爲不必要。但江淮之農產品雖不需，而其代替農產品可作財貨以供和糴收購之（庸）布，則仍須輸入京師，藉之充實關中財富力量也。故舊唐書玖玄宗本紀下（參考前引通鑑開元二十五年條及唐會要捌叁租稅下所載開元二十五年三月三日勅文）云：

開元二十五年二月戊午罷江淮運，停河北運。

通典陸食貨典賦稅下略云：

（開元二十五年定令），其江南諸州租並迴造納布。

唐代自開國以來其人民所繳納之租本應爲粟，今忽改而爲布，乃國家財政制度上之一大變革，此中外史家所共知者也。嘗就閱讀所及，凡論此改革之文雖頗不少，似尙未有深探此變制之所從來者，不揣鄙陋，試略證論之：

竊以爲此制乃南朝舊制，南朝雖併於北朝，此納布代租之制仍遺存於江南諸州，殆爲地方一隅之慣例，至武則天時此制乃漸推廣施行，至玄宗開元二十五年中央政府以之編入令典，遂成爲一代之制度矣。據 Sir M. A. Stein 著 Innermost Asia, Vol. III, Plate CXXVII 載其在 Astana Cemetery 所發見之布二端，其一端之文爲：

婺州信安縣顯德鄉梅山里祝伯亮租布一端。

光宅元年十一月日。

寅恪案：此乃代租之布，故謂之租布。考婺州在唐代爲江南道轄地，此即開元二十五年新令所謂

其江南諸州租並迴造納布

之明證。不過其事已於武后時即有之矣。武則天世東北邊疆屢有戰事，顏魯公文集附載殷亮所撰

行狀（參全唐文伍壹肆）略云：

時淸河郡寄客李華（寅恪案：通鑑考異依舊傳作蕚）爲郡人來乞師於公曰：「國公舊制江淮郡租布貯於淸河，以備北軍，爲日久矣。相傳（謂）之天下北庫，今所貯者有江東布三百餘萬疋，河北租調絹七十餘萬，當郡綵綾十餘萬，累年稅錢三十餘萬，倉糧三十萬，討默啜甲仗藏於庫內，五十餘萬。」

寅恪案：李蕚所謂國家舊制爲日已久，未能確定其時代，然其言江淮租布與討默啜甲仗聯文，疑即武后時事。蓋中央亞細亞發見之光宅元年婺州租布，其地域時代俱與蕚言符合，故此祝伯亮之租布即當日江東租布遺傳於今日者耳。又租布成一名詞，乃代租之布之義，觀於祝伯亮之租布及殷亮所述之言，俱可證知，而通鑑貳壹柒唐紀叁叁至德元載二月條司馬君實紀此事，其述李蕚之言作

國家平日聚江淮河南錢帛於彼，以贍北軍，謂之天下北庫，今有布三百餘萬匹云云。

殊爲含混，失其本意，轉不如極喜更易舊文之宋子京，其於新唐書壹伍叁顏眞卿傳仍依殷亮元文作「江淮租布」，爲得其眞也。

或問：今日租布實物之發現即迴造納布之制已行於武則天時江南諸州之明證，是固然矣，然何以知其爲南朝之遺制耶？應之曰：南朝財政制度史籍所載雖甚簡略，不易詳考，但亦有可推知者，如南齊書叁武帝紀云：

永明四年五月癸巳詔揚、南徐二州今年戶租三分二取見布，一分取錢，來歲以後遠近諸州輸錢處幷減布直，匹准四百，依舊折半，以爲永制。

同書肆拾竟陵王子良傳云：

詔折租布二分取錢。

此二卷所紀同是事，絕無可疑。而其所言錢布之比例似有矛盾，又納錢一事亦別成問題，本章皆不欲解釋，以免枝蔓。但武帝紀明言戶租，蕭子良傳則謂之折租布，由此推斷，租可折納錢，亦可折納布。租若折納布，即是租布，亦即迴造納布，此所謂唐代制度之江南地方化，易言之，即南朝化者是也。

附記：此章作於一九四〇年春季，其年夏季付商務印書館印刷，久未出版，至一九四三年春季著者始於桂林廣西大學圖書館得見一九四〇年出版之東方學報第壹壹卷第壹册仁井田陞氏吐魯番發見之唐代庸調布及租布一文，與此章所論略同。特附記歲月先後於此，以免誤會。

八 附 論

本書所論，極爲簡略，僅稍舉例，以闡說隋唐二代制度之全體因革要點與局部發展歷程而已。總而言之，二代之制度因時間與地域參錯綜合之關係，遂得演進，臻於美備，徵諸史籍，其跡象明顯，多可推尋，決非偶然或突然所致者也。寅恪自惟學識本至淺陋，年來復遭際艱危，倉皇轉徙，往日讀史筆記及鳩集之資料等悉已散失，然今以隨順世緣故，不能不有所撰述，乃勉强於憂患疾病之中，姑就一時理解記憶之所及，草率寫成此書。命之曰稿者，所以見不敢視爲定本及不得已而著書之意云爾。一九四〇年四月陳寅恪書於昆明靑園學舍，時大病初愈也。

附記

本書先後由生活·讀書·新知三聯書店和中華書局出版，現在承中華書局供應原紙型印行，特此致謝。

上海古籍出版社

一九八〇年十二月